Dieses Buch bekam ich zu [...]
tag von Doris mit Fam[...]
Im Februar 1995

Daniela Nä[...]

Anneliese Gaß-Tutt

Fröhliches Tanzen im Kindergarten

Praxismaterial
Kindergarten

Anneliese Gaß-Tutt

Fröhliches Tanzen im Kindergarten

Praxis der Bewegungs-
und Tanzerziehung

Herausgegeben von Wolfger H. Tutt
unter Beratung von Regula Leupold

Herder
Freiburg · Basel · Wien

Diesem Buch ist eine Musik-Cassette mit 12 Stücken beigegeben, die teils als Universalmusik für verschiedene, teils als spezielle Musik für einzelne Tanzvorschläge vorgesehen sind. Einzelangaben zu den Stücken siehe Seite 140/141.

2. Auflage

Einbandfoto: Hartmut W. Schmidt
Illustrationen: Helga Hébert, Toulouse
Aufstellungszeichnungen: Wolfger H. Tutt

Herstellung: Freiburger Graphische Betriebe 1991
ISBN 3-451-21465-2

Vorwort
des Herausgebers

„Tanz ist Spiel mit den eigenen Bewegungs-
möglichkeiten, Spiel mit den Beziehungen
zum Partner und zu den mitspielenden ande-
ren, Tanz ist Spiel mit dem Raum und der
Zeit…"   *Albrecht Gaupp*

Tanzen – das möchte ich dieser umfassen-
den Definition von Albrecht Gaupp hin-
zufügen – ist auch ein Anliegen, welches
ein ganzes Leben prägen kann. So war es
für Anneliese Gaß-Tutt, meine Frau – zu
Anfang in der Spielschar, später als Leiterin der Gruppe 61 in Stuttgart, als Lehre-
rin in der Grundschule bei ihren vielfältigen Tanzaktivitäten mit Kindern verschiedener Altersgruppen im Unterricht
und in der Freizeit, bei ihren großen Fa-
milientanz-Nachmittagen und beim Tanzen mit Jugendlichen im Waldheim. So
war es auch bei den vielen Lehrgängen,
wo sie ihre Ideen und Erfahrungen den
angehenden Tanzleitern weitergab.
Heirat, Ehe, kleine Kinder: Sollte dadurch das Tanzen an den Rand gedrängt
werden? Das Gegenteil war der Fall. Die
beiden Töchter waren klein; was könnte
man mit ihnen tanzen? Ein paar Tanzlieder und Reigen gab es, doch das Ergebnis
der Umschau war recht mager. So ent-
stand die Idee zu ihrem ersten Kinder-
tanz-Buch „Tanzkarussell 1", dem fünf
weitere folgten („Tanzkarussell 2", „Kin-
derparty – Kinderspaß", „Tanztrubel",
„Ringel-Kringel" und „Polonaise – das lebendige Ornament"). Mit ihren Veröffentlichungen hat sie dem Kindertanz

wesentliche Impulse gegeben und dazu
beigetragen, daß er heute ein eigenständi-
ges Gebiet der großen Laientanzbewe-
gung in Mitteleuropa geworden ist. Der
Kindertanz umfaßt nicht mehr nur ein
paar überlieferte Kreisreigen, und er muß
sich auch nicht mehr mit einigen verein-
fachten Formen von Volkstänzen für Erwachsene begnügen.
Im Juli 1987 ging das Leben von Anneliese
Gaß-Tutt früh zu Ende. Fast bis zuletzt
diktierte sie mir noch fehlende Teile zu
dem jetzt vorliegenden Buch für die Praxis der Bewegungs- und Tanzerziehung.
So fiel mir die Aufgabe zu, das Manuskript aus den teilweise noch ungeordne-
ten Beiträgen zusammenzustellen. Gemeinsam mit Regula Leupold, der erfah-
renen Tanzpädagogin aus Bern, habe ich
es dann kritisch durchgesehen und es
nach ihren Ratschlägen in einigen Teilen
überarbeitet und an wenigen Stellen ergänzt. Ohne die Mitwirkung von Regula
Leupold, aber auch ohne die musikalische
Mitarbeit von Liselotte Rockel wäre mir
die Fertigstellung dieses Buches nicht
möglich gewesen. Ich danke beiden für
ihre engagierte Mitwirkung.
Es war das Anliegen meiner Frau, mit
einer frühzeitig beginnenden Bewegungs-
und Tanzerziehung schon den kleinen
Kindern die Freude an rhythmischer Bewegung und gleichzeitig die tänzerischen
Grundfertigkeiten in spielerischer Form
zu vermitteln. In der Schule sollte dann
diese Tanzerziehung in altersgerechter
Form so weitergeführt werden, daß sie
ohne Bruch in eine vielgestaltige Tanzkultur der Jugendlichen einmündet, die im
Erwachsenenalter weiter lebendig bleibt
und die auch noch das Seniorenalter aktiv
bereichert.

Auch wenn dieses Buch sich in Titel und Text an Erzieherinnen im Kindergarten wendet, so reicht sein Inhalt thematisch und stofflich in das Grundschulalter hinein.

Das menschliche Bedürfnis, seelischen Erregungen durch rhythmische Körperbewegungen sichtbaren Ausdruck zu geben, ist uralt. Es war immer die Wurzel und die Quelle des Tanzes. Spontane Bewegungsfreude und kreative Phantasie sind gerade in unserer Zeit mit ihren vielen Sachzwängen für eine lebendige Tanzkultur wichtiger als die Fertigkeit der exakten Ausführung von Tanzschritten und -figuren oder als eine präzise ablaufende Tanzvorführung. Eine einfühlsame Erzieherin im Kindergarten oder eine begeisterungsfähige Tanzleiterin in der Jugendmusikschule kann den ihr anvertrauten Kindern die Bewegungsfertigkeiten und die Tanzfreude vermitteln, die ein ganzes Leben weiterwirken. Wenn dieses Buch hierzu einen Beitrag leistet, so erfüllt es damit den Sinn, den meine Frau in der nicht immer einfachen Arbeit an diesem Manuskript gesehen hat – die Persönlichkeitsentwicklung der Kinder im Vorschul- und Grundschulalter zu fördern durch *Spielen, Entdecken und Erfinden im Tanz.*

Wolfger Tutt

Vorwort
der Beraterin

Als ich gefragt wurde, ob ich bereit sei, an der Fertigstellung des Manuskriptes für ein Tanzbuch von Anneliese Gaß-Tutt mitzuarbeiten, habe ich zunächst gezögert. Zwar kannte ich die Veröffentlichungen von Frau Gaß-Tutt über Kindertanz, und ich habe bereits viel mit ihnen gearbeitet, doch persönlich hatten wir uns nicht kennengelernt.

Den Entschluß, an der Fertigstellung dieses Buches mitzuwirken, habe ich nicht bereut, auch wenn sich das als nicht einfache Aufgabe herausstellte. Oft habe ich mir während des Studiums ihres Manuskriptes gewünscht, wir hätten uns in einem angeregten Gespräch gegenübersitzen können. Doch das war nun nicht mehr möglich. Ich habe deshalb versucht, mich so in ihre Gedankengänge hineinzuversetzen, daß der Text in ihrem Sinne fertiggestellt werden konnte.

Ich hoffe, mit meiner Beratung beigetragen zu haben, daß nach Absicht von Frau Gaß-Tutt Erzieherinnen und Tanzpädagogen in diesem Werk hilfreiche Anregungen und Materialien für die Praxis der Bewegungs- und Tanzerziehung im Vorschul- und Grundschulalter finden.

Regula Leupold

Inhalt

Die mit * gekennzeichneten Tanz-Vorschläge sind für Kinder bis zu 8 Jahren geeignet, also auch bei der Bewegungs- und Tanzerziehung in der Grundschule verwendbar.

Methodische Einleitung

Früher war Tanz ein selbstverständlicher Bestandteil vieler Bereiche des individuellen und sozialen Lebens. Im Kindergarten kann der Grundstein dafür gelegt werden, daß der Tanz auch heute wieder die Menschen von der Kindheit über die Schulzeit und die Tanzstunde hinaus ins Erwachsenenleben und bis ins Seniorenalter begleitet. Dann gewinnt das moderne Dasein etwas zurück von der alten Einheit von Leben, Musik und Tanz.

Die Fähigkeit, sich an der Bewegung, am Rhythmus und an der Musik, am Spiel und am Tanz zu erfreuen, ist uns allen von klein an gegeben. Ob diese Freude im Lauf des Lebens verkümmert oder mit dem Hineinwachsen ins Kindesalter und in die Jugendzeit immer differenziertere Ausdrucksformen gewinnt, hängt entscheidend von einer altersgerechten Tanzerziehung ab.

Doch wo beginnt Tanz, wann wird menschliche Bewegung zum Tanz? Hellmuth Günther, der bekannte Stuttgarter Tanz-Autor, definiert es so: „Einigkeit besteht darüber, daß von Tanz, auch bei Kindern, erst dann die Rede sein kann, wenn die zunächst ungerichtete Bewegung in eine, wenn auch noch so bescheidene Form gebracht wird."

Das Kleinkind drückt Lust- und Unlustgefühle noch unmittelbar aus, zum Beispiel durch Schreien und Strampeln. Später in der Schule wird von den Kindern erwartet, daß sie fähig sind, ihre Gefühle, ihren Mitteilungs- und Bewegungsdrang so weit zu kontrollieren, daß sie bis zu einem geeigneten Zeitpunkt warten können. Das Kindergartenalter als spezifischer Entwicklungsabschnitt bildet die Brücke zwischen den genannten Entwicklungsstufen. Ungünstige Einflüsse der Zivilisation wirken in dieser sensiblen Entwicklungsphase auf die Kinder ein: Die Einengung des Bewegungsspielraumes hat einerseits Nervosität und Überkompensation, andererseits Bewegungsarmut und erste Verkümmerungserscheinungen der Bewegungsphantasie zur Folge. Noch wenig erforscht sind die hemmenden Faktoren, die schon den Kindern wie uns allen zunehmend den Mut zur Spontaneität und zum Ausleben von Emotionen in Körperbewegungen nehmen, bis vielleicht irgendwann einmal in der Disco oder im Rockkonzert sich die Spannung löst und ein schriller, ekstatischer Ausbruch aus den einengenden Konventionen erfolgt. Bewegungs- und Tanzerziehung im Kindergarten hat die wichtige Aufgabe, diesen ungünstigen Entwicklungstendenzen entgegenzuwirken.

Die wichtigsten Hilfen in der Tanzerziehung sind Rhythmus und Musik. Musik und Bewegung sind für Kinder in diesem Alter noch eine selbstverständliche Einheit. Tanzen ist nicht nur Bewegungserfahrung und Bewegungstraining, sondern in der Reaktion auf musikalische Impulse auch ein emotionales Erlebnis.

Tanzerziehung im Kindergarten umfaßt alle Bereiche von der spontanen Bewegung als unmittelbare Abreaktion von Gefühlen bis zur geordneten Bewegung in einer gebundenen Tanzform. Zwischen diesen beiden Polen liegt ein weites Feld mit vielen Möglichkeiten und Herausforderungen. Die Kinder sollten sie alle kennenlernen, nicht nur den kurzen Weg vom Reigentanz im Kreis zum eingeübten Volkstanz. Eine zu starke Formalisierung bei der Tanzerziehung in Richtung auf ein vorzeigbares Ergebnis ist gefährlich. Ich meine damit nicht nur das vorzeigbare Ergebnis in Form einer Vorführung mit Zuschauern und Beifall, ohne dem die Berechtigung absprechen zu wollen; ich meine auch zu schwierige Tanzformen, die die Tanzfreude dem Drill aussetzen. Nicht so sehr Tanzen und Üben gehören im Kindergarten zusammen, sondern Tanzen und Spielen. Ansporn und Ehrgeiz, auch Wettbewerb sollen sicher im Kindergartenalter und im Kindergarten nicht ausgeschlossen, aber auch nicht übermäßig gefördert werden, insbesondere nicht im Tanz.

Tanzerziehung im Kindergartenalter fördert die Kinder vielfältig. Diese Förderung steht in engem Zusammenhang mit den Bereichen der Persönlichkeits- und Gemeinschaftserziehung, aber auch mit der Musikerziehung.
Ohne Anspruch der Vollständigkeit möchte ich auf einige Ziele hinweisen, die mir wesentlich erscheinen:

Im Tanz können die Kinder
● das Vertrauen in sich und ihre schöpferischen Fähigkeiten entwickeln, Hemmungen abbauen und eine Steigerung ihres Lebensgefühls gewinnen;
● Gemeinschaft erfahren, Sozialverhalten in und vor der Gruppe, Führen und Geführtwerden, aber auch die spielerische Sublimierung von Konflikten innerhalb der tanzenden Gruppe lernen;
● Körper- und Bewegungserfahrungen sammeln, Bewegungskoordination, Reak-tionsvermögen und Konzentration üben;
● Orientierungssinn, Raum- und Zeitgefühl entwickeln;
● Rhythmus und Dynamik erleben, Hören – und in Bewegung umsetzen lernen, auch über das Mitsingen;
● ihre Bewegungsphantasie, ihre Kreativität und ihr Improvisationsvermögen entwickeln.

Ich habe in den bisherigen Erläuterungen die Grundzüge der Tanzerziehung im Kindergartenalter dargestellt, doch gelten sie mit geringen Abwandlungen auch bis weit ins Grundschulalter hinein, und viele Tanzvorschläge aus diesem Buch sind für Grundschule und Kinderhort geeignet.
Eines gilt aber für diese Altersgruppen immer – technische Perfektion sollte *kein* Lernziel sein.
„Fröhliches Tanzen im Kindergarten" habe ich diese Veröffentlichung genannt, denn durch die unbeschwerte Freude an rhythmischer Bewegung, durch Spielen, Entdecken und Erfinden möchte ich den Kindern einen ganz persönlichen Zugang zum Tanz ermöglichen.

In den drei Teilen sind jeweils verschiedene Ansätze gewählt worden, um bei den Kindern die Freude am Tanzen zu wecken und die Bewegungsfertigkeiten zu entwickeln.

1. Das Kapitel „*Tanzgeschichten und Tanzideen*" bringt Vorschläge, wie Eindrücke aus der kindlichen Umwelt und Erlebnisse aus dem Alltag der Kinder die Anregung zum Spielen, Darstellen und Tanzen geben können.
Einfache pantomimische Elemente und lustige rhythmische Wortspiele in den

Liedtexten sind weitere kindgemäße Gestaltungshilfen. Tiere regen immer wieder die Bewegungsphantasie der Kinder an; doch nicht verfälschende Verniedlichung, sondern realitätsnahe Widerspiegelung der Wirklichkeit sind in den Einführungsgeschichten, in den Liedtexten und bei der tänzerischen Umsetzung angebracht. Tanzlieder spielen eine wichtige Rolle im Kindertanz. Gelungene Texte geben fast immer Anknüpfungspunkte für die Gestaltung von Tänzen, Tanzspielen und Tanzpantomimen. Dabei geht es nicht um eine buchstabengenaue Übersetzung des Textes in Tanzschritte, sondern um eine dem Liedinhalt und der Melodie adäquate Umsetzung in Tanzgestalt. Auch Variationen und freie Improvisationen haben hier ihren selbstverständlichen Platz. Kinder haben eine lebendige Phantasie, und diese braucht Spielraum. Rein formale Tanzaufgaben sollten auf dieser Altersstufe nie gestellt werden, auch wenn es darum geht, Grundelemente des Tanzens zu lernen. Spielformen, Spaßtänze oder ein bildhaftes Tanzthema geben der Bewegungsfreude auch beim Üben den notwendigen Raum.

2. Die Tanz-Vorschläge im Kapitel „*Tanzen – ein Spiel*" sind besonders für die Jüngsten im Kindergarten gedacht. Für sie müssen alle Bewegungsaufgaben und das Üben von Tanzfertigkeiten mit sehr kleinen Lernschritten beginnen, die Erwachsenen kaum als solche erscheinen. Die Polster-Tänze (siehe Seite 84) sind Beispiele dafür, wie Tanz-Anfänger in ganz kleinen Schritten zu elementaren Tanzerfahrungen und zu ersten selbständigen Gestaltungsversuchen geführt werden können.

Das Aufteilen in altersgemäße Lernschritte und die Einkleidung der Lernaufgabe in ein anregendes Thema gilt natürlich für alle Altersgruppen und alle Tanzfertigkeiten. Ich nenne hier einige typische Bewegungsaufgaben, zu denen ich folgende tänzerische Umsetzung vorschlagen möchte:

● Grundbewegungsarten: gehen, laufen, hüpfen, springen
dazu: *Tanzgitter*, siehe Seite 74;
● erweitertes Bewegungsrepertoire: schleichen, schlendern, stampfend gehen, auf Zehenspitzen gehen, auf den Fersen gehen, auf einem Bein hüpfen, Schlußsprünge u. a.
dazu: *Tanzkiste*, siehe Seite 79;
● Spaßschritte und kleine pantomimische Aufgaben
dazu: *Mein schwarzer Zwilling*, siehe Seite 95;
● langsam/schnell, schneller werdend/langsamer werdend
dazu: *Krabbel-Käfer*, siehe Seite 90;
● Bewegung/Stopp
dazu: *Tanzecke*, siehe Seite 70;
● Bewegung in der Gruppe/alleine
dazu: *Pole Bombo*, siehe Seite 99;
● Orientierung in der Gruppe/im Ablauf/im Raum
dazu: *Perlenkette*, siehe Seite 25.

Bei der Gestaltung der Beispiele bin ich von folgenden Überlegungen ausgegangen:
Die vom Rhythmus getragene Bewegung setzt das Hören voraus. Das Hören-Lernen braucht etwas Geduld und ein paar Lernhilfen.
Die eigentlichen Begriffe, um die es geht, können den Kindern verbal überhaupt

nicht vermittelt werden: Rhythmus, Takt, Schrittzahl u. a.

Ich gebe hier einige Beispiele für Hör-Übungen, die natürlich erweitert werden können:

● Die Musik beginnt / die Musik hört auf;
● auf diese Musik gehe ich / laufe ich / hüpfe ich / springe ich / wiege ich mich;
● die Musik ist laut / diese ist leise;
● die Musik ist zuerst leise, dann laut / leise und laut wechseln ab;
● die Musik ist langsam / diese ist schnell;
● die Musik ist zuerst langsam, dann schnell / langsam und schnell wechseln ab.

Sinngemäß lassen sich diese Übungen auch auf den Rhythmus übertragen und mit einem entsprechenden Instrument darstellen.

Nach einigen, nicht zu langen Hör-Übungen im Sitzkreis, sollte bald die Bewegung dazu kommen. Erst die richtige Umsetzung einer Hör-Aufgabe in die passende Bewegung bestätigt uns, daß die Kinder die Aufgabe verstanden haben.

Deshalb stehen einfache Rhythmusaufgaben in direktem Zusammenhang mit den Hör-Aufgaben. Für kurze Bewegungsübungen dieser Art können die Grundrhythmen mit einem geeigneten Instrument deutlich und einprägsam gespielt werden:

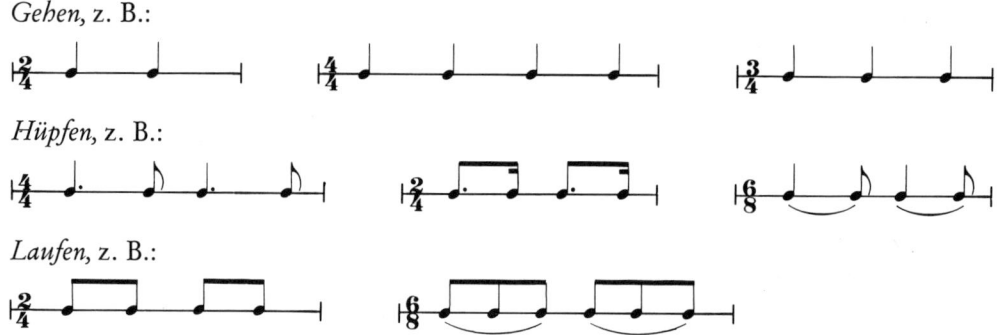

Gehen, z. B.:

Hüpfen, z. B.:

Laufen, z. B.:

wobei zu bedenken ist, daß natürliches Laufen wohl schneller als Gehen, aber nicht die Verdoppelung des Gehrhythmus ist.

Springen, z. B.:
von einem Bein auf das andere oder auf beide Beine, von beiden Beinen auf beide Beine in verschiedenen Rhythmen und oft in Verbindung mit Zwischenschritten.

Wiegen/Schwingen, z. B.:

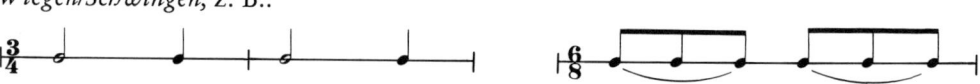

Doch immer wieder sei daran erinnert: Formales Üben kann nur kurz sein, wenn es nicht die Tanzfreude zerstören soll. Deshalb am besten: mit den Polster-Tänzen beginnen.

3. Die Tänze im Kapitel „*Tanzen – ein Fest*" sind Vorschläge für einen besonderen Anlaß: Die Eltern der Kinder sind eingeladen. Der Kindergarten ist zu diesem Anlaß schön geschmückt, und ein paar Überraschungen wurden vorbereitet. Das können einige Vorführungen sein, für die alle eifrig geübt haben; doch noch schöner ist es, wenn WENDELIN, DAS WOHLGEHEUER alle Mütter und Väter zum Mittanzen auffordert. Eltern tanzen mit ihren (kleinen) Kindern – das ist gar nicht so schwierig! In kurzer Zeit kann so ein normaler Elternnachmittag zum großartigen Fest werden. Dazu braucht die Erzieherin keine Tanzexpertin zu sein, auch große Vorübungen sind nicht notwendig, denn Kinder und Erwachsene werden mit meinen Tanzvorschlägen nicht überfordert. Damit meine ich: Die Kinder werden nicht dazu animiert, Erwachsene zu imitieren, gestandene Väter sollen keine „kindlichen" Tanzbewegungen versuchen. Die in diesem Kapitel zusammengestellten einfachen Tanzformen, Bewegungsspiele und Sitztänze wurden erprobt in fröhlichen, für viele Teilnehmer außergewöhnlichen Stunden unbeschwerten Zusammentanzens von Kindern und Erwachsenen. Eine Anzahl der Tänze baut auf überlieferten Formen auf, andere sind neu. Und bei jedem Beispiel stehen die verschiedenen Teile eines Tanzes in einem spannungsvollen Wechsel und heben sich deutlich voneinander ab. Mit geringen Veränderungen können

diese Tänze auch ohne das Beisein von Erwachsenen getanzt werden, etwa indem die Gruppe der Älteren im Kindergarten an die Stelle der Eltern tritt.

Tanzerziehung und Tanzvermittlung kann verschiedene Wege gehen:

Dabei kommen meist die traditionellen *Lern-Methoden* zur Anwendung. Die Erzieherin hat hier die Initiative, und die Kinder sind in der nachvollziehenden Rolle.
● Bei der *Imitativen Methode* macht sie Schritte und Tanzteile vor, die Kinder machen nach. Diese Methode sollte nur selten und nur bei gebundenen Tanzformen angewendet werden.
● Bei der *Rezeptiven Methode* geht die Erzieherin auf die pädagogische Situation und auf die Gruppe ein, doch die Kinder bleiben in der nachvollziehenden Rolle.
● Die *Kognitive Methode* ist für das Kindergartenalter völlig ungeeignet und soll deshalb hier nicht näher beschrieben werden.

Möglichst häufig sollten an Stelle der genannten traditionellen Lern-Methoden unkonventionelle, *kreative Methoden* angewendet werden. Hier ist die Rolle der Erzieherin nicht lehrend – unterrichtend, sondern motivierend – unterstützend.
● Die eigentliche *Kreative Methode* geht von einem Bewegungsthema oder einer Tanzidee aus, welche von den Kindern nach ihren Möglichkeiten gestaltet wird. Hier wird die Phantasie stark angeregt, doch führt der begrenzte Bewegungskanon der Kinder relativ schnell zu Längen und Wiederholungen im tänzerischen Ablauf.

● Zu vielseitigeren Ergebnissen führt die *Kooperative Methode*. Auch hier ist das Bewegungsthema der Ausgangspunkt, und die Kinder beginnen frei ihre Gestaltungsversuche. In einer echten Zusammenarbeit zwischen Kindern und Erzieherin entsteht dann aus den gefundenen Elementen eine oder mehrere Formen, die von allen als „unser" Tanz empfunden wird.

● Auch bei der *Evolutiven Methode* ist das Tanzthema der Ausgangspunkt. Behutsam führt die Erzieherin die Bewegungseinfälle der Kinder stufenweise weiter zu den Vorschlägen, die sie vorbereitet hat. So entstehen aufbauend verschiedene neue Ansätze und mehrere Lösungen für das Thema.

Zwar will die tänzerische Bewegung genauso gelernt sein wie das Musikhören. Auch braucht die Bewegungsphantasie der Kinder Anregungen und Verwirklichungshilfen. Doch selbst wenn traditionelle Lern-Methoden angewendet werden, so sollte nie ein Tanz durch Zählen des Taktes und der Schritte „erarbeitet" werden. Das widerspricht nicht nur dem Wesen des Tanzens, sondern auch den Voraussetzungen der Kinder.

An dieser Stelle möchte ich anmerken, daß die Tanzerziehung im Kindergarten nicht mit freien Bewegungsaufgaben beginnen sollte, sondern im Kreis mit der gebundenen Form der überlieferten Reigentänze. Aus der dabei gewonnenen Bewegungssicherheit kann die Fähigkeit zur Gestaltung von vorgegebenen Tanzgeschichten und zur phantasievollen Verwirklichung von eigenen Ideen weiterentwickelt werden.

Das Tanzen im Kindergarten muß sich immer auf den unterschiedlichen Entwicklungsstand der Kinder einstellen. Häufig behindern ausgeprägte Hemmungen einzelner Kinder die ersten Schritte der Tanzerziehung. Vor allem Jungen wollen oft nicht mittanzen. Ein paar gemeinsame „Spaßschritte" oder eine kleine witzig-groteske Pantomime lockern die Verkrampfungen, schaffen eine entspannte Atmosphäre und wecken die Bereitschaft zum Mitmachen. Doch wer gar nicht mitmachen will, der darf auch danebenstehen, bis er doch noch Lust bekommt. Ein Scherz im richtigen Moment, eine Aufmunterung durch die Erzieherin kann kleine Wunder bewirken.

Kindertanz – wie das Tanzen in jedem Lebensabschnitt – kann auch eine heitere „Therapie" sein, die auf Körper und Geist wirkt und in einem ganzheitlichen Erlebnis aus Bewegung, Rhythmus, Musik und Raum die kindliche Persönlichkeit formt und fördert. Auf unmerkliche Weise geht so die Erziehung *zum* Tanz über in Erziehung *durch* Tanz.

Kapitel 1
Tanzgeschichten und Tanzideen
Tänze für besonders schöne Zeiten

Bewegungsspiel
von Anneliese Gaß-Tutt
nach einem Kinderreim

Riesen-Niesen

„Immer bin ich klein!" protestierte ein Mädchen in der Kindergarten-Gruppe. Welch herrliches Gefühl, nun einmal ein Riese zu sein!
„Riesen-Niesen" ist ein Bewegungsspiel mit dem Thema
Bewegung im Raum – Verharren am Platz.
Text, Versrhythmus und Tanzspiel bilden eine Einheit, d. h., die Liedgeschichte erzählt die Bewegungsaufgabe, und diese wiederum unterstreicht den Text. Zusammen mit dem Versrhythmus können die Kinder die Geschichte von den Riesen ohne Schwierigkeiten darstellen.
Dieser Spieltanz ist also besonders für die ganz Kleinen im Kindergarten gedacht.

Tanzlied

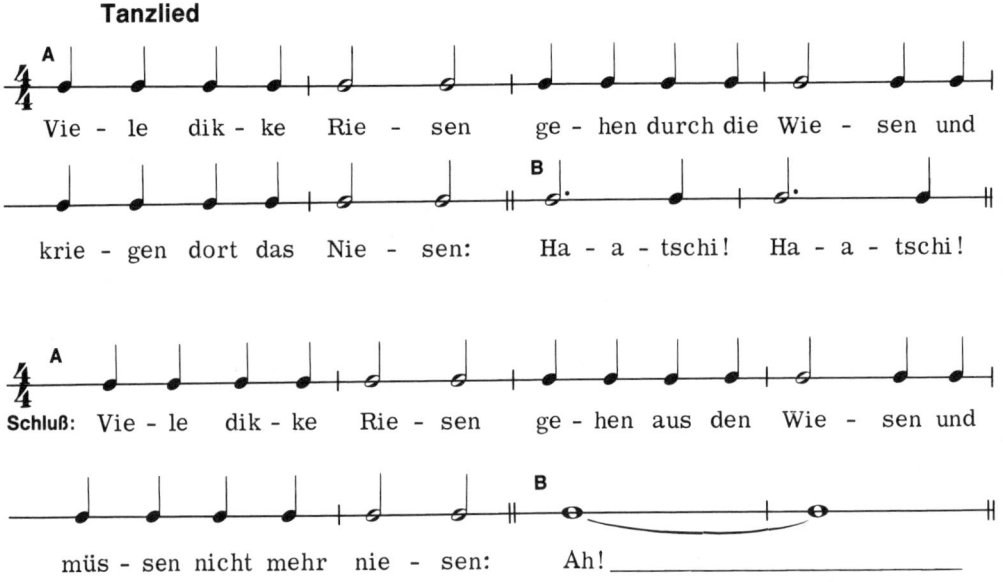

Das Bewegungsspiel wird von rhythmischem Sprechgesang begleitet. Die Tanzleiterin kann den Rhythmus durch eine Handtrommel o. ä. begleiten, unterstützen, aber auch beeinflussen. Möglich ist auch, daß zwei Kindergruppen im Wechsel singen bzw. tanzen.

Tanz-
beschreibung

Aufstellung:
In der Kleingruppe mit gleicher
Blick- und Tanzrichtung.

Schritte:
Gehschritte (♩ = 1 Schritt)

Tanzform:

1. Teil: Takt 1–6	Die Kinder sind die „dicken Riesen" und „gehen durch die Wiesen" auf freiem Weg. Bei „kriegen sie das Niesen" bleiben sie stehen.
2. Teil: Takt 7–8	Alle niesen zweimal heftig („Hatschi! Hatschi!") und nehmen dabei jedesmal ihre Hände vor das Gesicht.
Schluß:	Wie Tanzvers; bei „Ah!" sich strecken, dabei die Arme weit hinaufziehen und tief ein- und aus-atmen.

Ausweitung:
Durch einfache Textänderungen kann man auf andere Art zum
Tanzen anregen.

Änderung in der Gruppenzusammensetzung:
● Zwei dicke Riesen ...
● Alle dicken Riesen ...

● Viele dünne Riesen ...
● Drei dünne Riesen ...
● Alle dünnen Riesen ...   usw.

Flop, der dicke Riese,	Krick, der dünne Riese,
der geht durch die Wiesen	der geht durch die Wiesen
und kriegt dort das Niesen.	und kriegt dort das Niesen.
Hatschi! Hatschi!	Hatschi! Hatschi!

Änderung in der Tanzbewegung:
(auch kombinierbar mit den Vorschlägen für die Änderung der
Gruppenzusammensetzung)
● Viele dicke Riesen laufen ...
● ...   hüpfen ...
● ...   trampeln ...
● ...   schleichen ...
● ...   tapsen ...
● ...   schlurfen ...
● ...   stelzen ...

(Dabei teilweise Wechsel im Schrittempo,
z. B.: ♩ = 1 Schritt).

Methodische Erläuterungen

„Einmal nicht mehr klein sein, ein Riese sein!" Diese Vorstellung kann bei der Einführung durch Recken und Strecken unterstützt werden.

Eigentlich aber gehen die Riesen wie die Menschen und lassen ihre Arme locker hängen. Darum ist das Ziel: Alle Kinder gehen aufrecht, Schritt um Schritt.

Die vorgeschlagenen Variationsmöglichkeiten sollten die Tanzleiterin nicht dazu verführen, viel „Stoff", d. h. Bewegungsthemen auf diesen einfachen Tanz zu übertragen. Die aufgeführten Beispiele können als Motivation für spielerische Abwandlungen eingeflochten werden, damit die Freude am „Riesen-Niesen" noch lange erhalten bleibt.

Kleine Kinder nehmen für sie überschaubare Texte und Abläufe als Ganzes auf. Deshalb lernen wir den „Riesen-Tanz" als Einheit kennen, aber doch schrittweise – wie im Leitfaden dargestellt – von der einfachsten Form als Sitztanz über das Gehen im Kreis bis zur Endform frei im Raum.

Leitfaden

1. *Einführung (im Sitzkreis)*
   - Ein Kind / die Erzieherin muß niesen. Warum?
   - Auch Riesen müssen niesen! Ich kenne eine kurze Geschichte von den niesenden Riesen: ...
   - Der Tanzvers wird gesprochen.
   - Zum Schluß niesen wir alle kräftig mit, und – wenn es Spaß macht – wiederholen wir es.

2. Sitztanz und Tanzen im Kreis
   - Wir sitzen im Kreis auf Stühlen und lernen den Tanzvers. Dabei bewegen alle die Beine im Schrittrhythmus und niesen zum Schluß kräftig.
   - Wir stehen im Stuhlkreis auf und recken und strecken uns, damit wir wie die Riesen gehen können.
   - Wir gehen miteinander aufrecht in der durch die Stühle vorgegebenen Runde – und niesen!
   - Wir räumen die Stühle weg.

3. *Frei im Raum*
   - Wir gehen zum Tanzvers frei im Raum in einer lockeren Gruppe.
   - Ein Kind führt in der Gruppe.
   - Wechsel der Führung (mehrmals).

4. *Lernen der Schlußstrophe* im Gehen in der Gruppe und Wiederholung als Schlußtanz.

Melodie:
Liselotte Rockel
Liedtext:
Anneliese Gaß-Tutt,
nach einem Kinderreim
(Strophe 3)
Tanzform:
Anneliese Gaß-Tutt

Lise lase latze

*Dieses Bewegungsspiel wird von kleinen Kindern begeistert aufge-
nommen. Es führt sie spielerisch ein in verschiedene Bewegungsarten
wie „Schleichen", „Laufen", „Kriechen", „Springen", „Hoppeln" und
„Flitzen" und in die dazugehörigen Geschwindigkeiten von langsam
bis schnell. Diese Bewegungen werden ausprobiert und – soweit möglich – im Rhythmus der musikalischen Begleitung getanzt.
Vorausgehen sollten möglichst eigene Beobachtungen der Tiere, die
durch ein Bilderbuch oder eine passende Einführungsgeschichte ergänzt
werden. Aus der Freude an der spielerischen Nachahmung gelingt dann
das Umsetzen in Tanzbewegungen.*

Tanzlied   *1. Strophe in moll,* ebenso 3. und 5. Strophe

Li - se la - se lat - ze, ich schlei - che wie die Kat - ze. Ich

mach' mich klein, ich mach' mich groß, wenn ich will, dann lauf' ich los.

2. Strophe in dur, ebenso 4. und 6. Strophe

Bil - le bal - le bund, ich lau - fe wie ein Hund. Ich

mach' mich klein, ich mach' mich groß, wenn ich will, dann lauf' ich los.

3. Schicke schacke schecke,
   ich krieche wie die Schnecke.
   Ich mach' mich ...

4. Plitsche platsche plosch,
   ich springe wie der Frosch.
   Ich mach' mich ...

5. Tilse talse tase,
   ich hopple wie ein Hase.
   Ich mach' mich ...

6. Tippel tappel taus,
   ich flitze wie die Maus.
   Ich mach' mich ...

Alle Strophen können auch in moll bzw. dur gesungen werden.

**Tanz-
beschreibung**

Tanzform 1

Die körperlichen Anforderungen, die die vorgesehenen Bewegungsarten an die Kinder stellen, sind so groß, daß sie nicht gleichzeitig singen und tanzen können.

Ich stelle deshalb zwei Möglichkeiten zur Auswahl, die sich auch nach der Anzahl der Mittanzenden richten:

● Die Tanzleiterin singt allein, unterstützt von einem Tamburin o. ä. (siehe Aufstellung 1).

● Die Kinder werden in zwei etwa gleichgroße Gruppen aufgeteilt, die wechselweise singen bzw. tanzen (siehe Aufstellung 2).

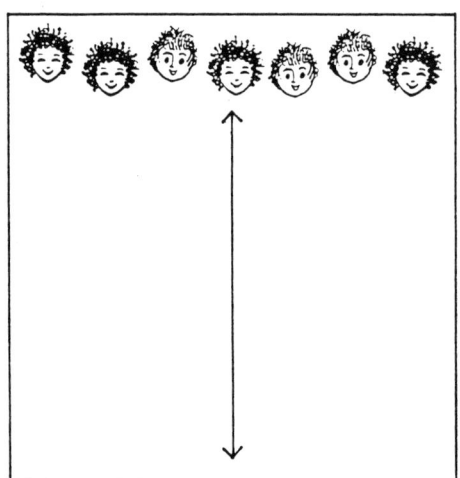

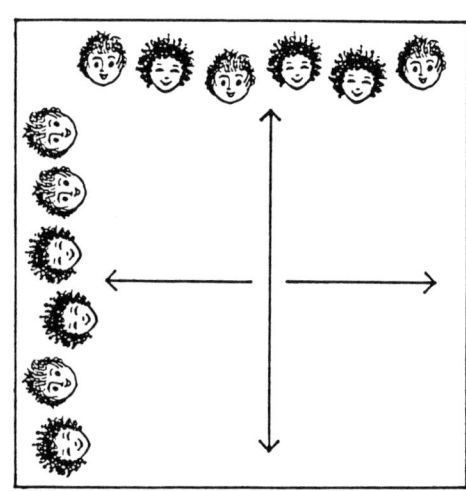

Aufstellung 1   *Aufstellung 2*

Zu Anfang ist es sinnvoll, jeweils nur ein bis zwei Tiere und die passenden Liedstrophen einzuführen. Die eine Strophe wird dann so oft gesungen, bis alle Kinder der einen oder beiden Gruppen die andere Raumseite erreicht haben. Die zweite Strophe führt alle wieder auf ihre Ausgangsplätze zurück. Dabei können die Strophen in beliebiger Reihenfolge ausgewählt werden, so wie es sinnvoll in den Erzählrahmen der Einführung paßt.

Folgende Bewegungen passen zu den einzelnen Strophen:

● Strophe von der Katze:
Jedes Kind schleicht langsam und leise auf allen Vieren auf einem mehr oder weniger geraden Weg zur anderen Raumseite.

● Strophe vom Hund:
Jedes Kind läuft in nicht zu schnellem Tempo auf allen Vieren auf
einem mehr oder weniger geraden Weg zur anderen Raumseite.
● Strophe von der Schnecke:
Jedes Kind kriecht so langgestreckt und flach wie möglich auf allen
Vieren.
● Strophe vom Frosch:
Jedes Kind springt mit „Froschhüpfern" zur anderen Raumseite.
Startstellung ist die Hocke, beide Hände werden zwischen den Fü-
ßen mit leichter Belastung aufgesetzt. Beim Schlußsprung vor-
wärts werden die Hände so hoch wie möglich gestreckt.
● Strophe vom Hasen:
Jedes Kind hoppelt / springt, indem es die Hände vorsetzt und mit
den Füßen nachhüpft.
● Strophe von der Maus:
Jedes Kind läuft so schnell es kann auf allen Vieren.

Wenn der Ablauf schon einige Male geübt wurde, so können bei
Aufstellung 2 die zwei Reihen nacheinander zuerst hin und dann
wieder im Wechsel zurück tanzen.

Tanzform 2

Das Tanzlied kann mit einem instrumentalen Teil ergänzt werden.
Die Tanzleiterin improvisiert eine Melodie, die die Bewegungsweise des jeweiligen Tieres rhythmisch untermalt, oder sie kann
die folgenden „Tiermelodien" verwenden:

Liselotte Rockel

Teil B zum „Frosch"

Teil B zum „Hasen"

Teil B zur „Maus"

Der erweiterte musikalische Teil kann in folgende Tanzform umgesetzt werden:
Die Kinder singen eine Strophe des Tanzliedes und durchqueren dann den Raum zur instrumentalen Begleitung. Hierbei sollen die Kinder versuchen, sich dem Rhythmus der Musik anzupassen. Das wird nicht jedem Kind sofort gelingen und muß es auch nicht. Beim zweiten Mal geht es schon besser, und schließlich macht die Bewegung im richtigen Rhythmus um so mehr Spaß.

Methodische Erläuterungen

Der Reiz der hier vorgeschlagenen Bewegungsaufgaben liegt darin, die im Lied auftretenden Tiere möglichst typisch und phantasievoll darzustellen. Jedes Kind bringt zum Thema „Tiere" seine eigenen Kenntnisse und Erlebnisse mit. Tierbeobachtungen, Bildbetrachtungen, Tiergeschichten, Lieder bringen ihnen die einzelnen Tiere noch näher. Vor Beginn der ersten Tanzversuche sollte jedes Tier mit einer kleinen Geschichte und in einem Gruppengespräch in seinen wichtigsten Lebensumständen eingeführt werden. Katze und Hund sind sicher allen Kindern gut bekannt. Bei den Tieren Hase, Frosch und Maus sind für Stadtkinder berechtigte Zweifel angebracht, und mögliche Kenntnislücken müssen bei der Vorbereitung berücksichtigt werden. In jedem Fall ist es wichtig und fördert die Kreativität, daß alle Kinder die Bewegungen aus eigenem Erlebnis oder wenigstens aus eigener Kenntnis heraus gestalten, nicht nur ein vorgegebenes Bewegungsmuster nachahmen. Die verschiedenen Kinder brauchen für den gleichen Tanzweg unterschiedlich viel Zeit. Das hängt mit der jeweiligen Entwicklung und Nachahmungsfähigkeit zusammen. Deshalb lasse man sie ungestört weitertanzen, bis auch die langsameren ans Ziel gekommen sind, d. h., die entsprechende Strophe wird wiederholt, oder der instrumentale Teil wird langsamer gespielt und in der Länge variiert. Die Wahl der Einführung richtet sich nach dem unterschiedlichen Entwicklungsstand der Kindergruppe. Allgemein zu beachten sind aber die folgenden methodischen Überlegungen:

- Zwar ist die Reihenfolge der Strophen variabel, doch sollte mit den leichteren Bewegungsarten begonnen werden, auf keinen Fall also mit dem anstrengenden Flitzen der Maus.
- Jedes Kind tanzt für sich, ist aber doch in die Gruppe eingebunden. Das gibt kreativen Einfällen Raum.
- Auf jeden Fall muß der Platz für die gewählten Bewegungsarten ausreichend sein. Katze, Schnecke und Frosch brauchen weniger Platz als Hund, Hase oder Maus.
- Der Fußboden muß geeignet sein: nicht zu stumpf für die Katze oder die Schnecke, nicht zu glatt für Hund, Hase, Frosch oder Maus.
- Für das Hoppeln des Hasen und die Froschsprünge kann eine Vorübung sinnvoll sein.
- Am Anfang, vor allem bei der Tanzform 1, kommt es nicht darauf an, daß alle Bewegungen genau im Takt gemacht werden. Erst bei der Ausweitung zur Tanzform 2 sollte als Ziel die Übereinstimmung von Musik- und Bewegungsrhythmus angestrebt werden.

Leitfaden
1. Einführung des Tieres und seiner typischen Bewegungen, freie Bewegungsversuche und -übungen
2. Lied- bzw. Stropheneinführung
3. Lied und Bewegung in der Tanzform 1; Möglichkeiten:
   - auf freigestellten Wegen
   - auf einem vorgegebenen Weg
4. Ausweitung zur Tanzform 2
5. Tanzen einer Endform im Zusammenhang
6. Ein lustiges Spiel für zwischendurch oder als Abschluß des Themas:
   Raten, welches Tier ist das?
   - Einzelne Kinder machen vor, die anderen raten.
   - Ein Schlaginstrument stellt mit dem typischen Rhythmus und Tempo das Rätsel. Die Kinder stellen die Lösung des Rätsels in Tanzbewegungen dar.

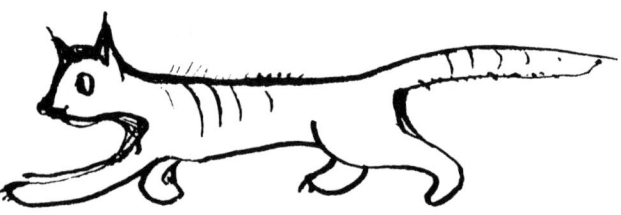

Lied: aus Deutschland
Tanzform bearbeitet
von Anneliese Gaß-Tutt

Perlenkette

*Sicher hat jedes Kind schon einmal Perlen aufgefädelt. Dazu gehört
auch das „Umfädeln" der Perlen.*

*Der Text des Tanzliedes ist leicht verständlich und regt die Phantasie
der Kinder an: Nun bin ich der Edelstein in der Kette. Aus diesem An-
knüpfungspunkt wird die Tanzaufgabe abgeleitet. Ein Kind führt die
tanzende Perlenkette an, durch den Wechsel kommt jedes Kind einmal
in diese führende Rolle.*

*Hierbei handelt es sich um zwei Tanzaufgaben, die zu den Grundele-
menten für jedes gemeinsame Tanzen gehören: Auf spielerische Weise
üben die Kinder „Führen und Geführtwerden".*

Tanzlied

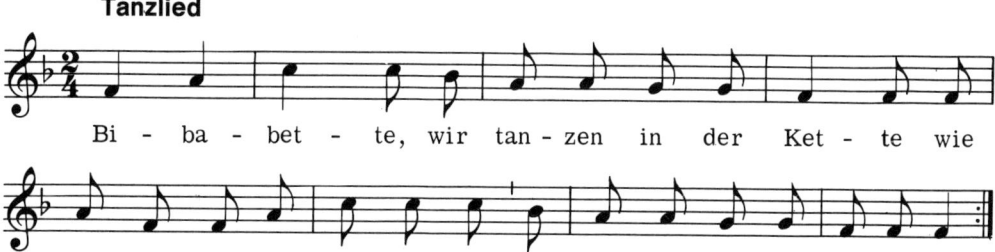

Bi - ba - bet - te, wir tan - zen in der Ket - te wie

E - del - stein, wie E - del - stein, der er - ste soll der letz-te sein.

Ergänzende
Musikvorschläge:
1. MC zu diesem Buch,
Seite A, Nr. 1:
Schwäbischer Spaziergang
Seite B, Nr. 10:
„Mach mit!"
(Vgl. Angaben S. 140)
2. MC „Ringel-Kringel",
Seite A, Nr. 1:
„Gemütlich Schwäbisch"
Seite A, Nr. 2:
„Stuttgarter Dreier"

Aufstellung:
4–6 Kinder stehen mit gefaßten Händen
in der Reihe nebeneinander.

Schritte:
Gehschritte

Tanzbeschreibung:
Das erste Kind führt auf freien Wegen durch den Raum. Ist das
Tanzlied zu Ende, löst es die Fassung, überläßt dem nächsten Kind
die Führung und schließt sich am Reihenende an.
Von vorne, bis alle Kinder angeführt haben.

Ausweitung:
Zum gemeinsam gesungenen Lied tanzen mehrere Reihen zur gleichen Zeit.

In der Regel sollte dieser Tanz mit 4- bis 5jährigen Kindern im
Gehschritt getanzt werden. Nur Kindergruppen, die den Tanz
schon gut beherrschen und das Lied schwungvoll singen, können
auch zu Laufschritten oder Kinderhüpfschritten wechseln.

Methodische Erläuterungen

In diesem scheinbar recht einfachen Tanz stecken für kleine Kinder anspruchsvolle Bewegungsaufgaben:

● Das gemeinsame, harmonische Gehen in der Kleingruppe ist nicht selbstverständlich. Arhythmisches Gehen fällt hier mehr auf als in der „Großen Schlange".

● Der Führungswechsel am Strophenschluß wird von den meisten Kindern wohl erkannt, aber oft aus lauter Anspannung nicht gleichzeitig vollzogen.

● Wenn mehrere Reihen zugleich tanzen, wird das Anführen um ein Mehrfaches schwerer.

Während jeder Einführung bei kleineren Kindern stellte ich fest, daß die meisten beim Anführen ein unbewußtes Gefühl der Verantwortung für die mittanzenden Kinder gehabt haben. Das Anführen fällt also leichter, wenn die Kinder durch eine harmonische Gruppensituation selbstsicherer und selbständiger handeln können. Dann wird die „Perlenkette" oft zu einem Lieblingstanz, den die Kinder im Freispiel für sich alleine tanzen.

Um die noch etwas unsicheren, unselbständigen Kinder zu fördern, wird der Tanz über verschiedene Stufen eingeführt:

● Vorbereitung durch die „Große Schlange"; alle tanzen in der langen Reihe, durchgefaßt, und werden vom Erwachsenen zu einer Universalmusik frei durch den Raum geführt.

Bei nachfolgenden Wiederholungen auf nicht zu lange Musikabschnitte führen verschiedene sichere Kinder an. Ohne viele Worte wird sichtbar, daß dies die Kinder können und es für keinen schwer ist.

Später wird die „Große Schlange" variiert: Es tanzen viele „Kleine Schlangen", damit viele Kinder anführen können und gleichzeitig die möglichen Wege finden.

Diese Vorübungen brauchen keine langen Einführungsgeschichten, der Tanzname sollte durch Bildmaterial o. ä. veranschaulicht werden.

● Beim Üben des Wechsels zu einer Universalmusik (siehe ergänzende Musikvorschläge) kommt es noch nicht auf einen bestimmten Punkt der Melodie an. Die Tanzleiterin kann jedem Kind individuell so viel Zeit zum Hineinfinden in seine Führungsrolle geben, wie es erkennbar benötigt und nimmt dann den Ton weg. Später genügt dann ein kurzes Zurücknehmen der Musik als Signal für den Wechsel. Auch ein akustisches Signal wie Klatschen, Triangel, Trommelschlag kann später bei weiterlaufender Musik den Wechsel einleiten. Eine Tanzansage ist an dieser Stelle nicht zu empfehlen.

● An einem anderen Tag wird spielerisch zum Schellentamburin oder zu einem anderen Instrument der regelmäßige Wechsel in der Führung zum Schlagrhythmus des Liedes getanzt.

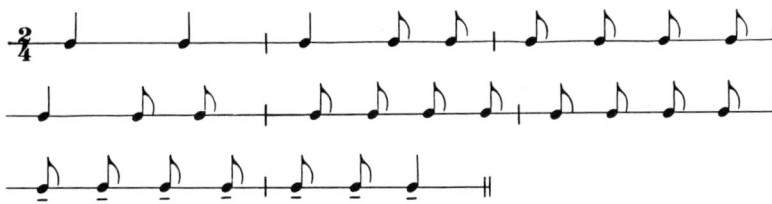

Der Wechsel wird durch einen etwas lauteren Anschlag angekündigt und hier wird bereits versucht, die Übergänge von einem Tanzteil in den anderen fließend auszuführen.

● Danach kommt als neues Sach-, aber nicht Tanzthema, die „Perlenkette" hinzu, beginnend mit der Sacherklärung, gefolgt von der Liedeinführung, in die beim wiederholten Singen das Tanzen mit einfließt.

Leitfaden   Methodische Schritte, auf verschiedene Tage verteilt

1. Vorbereitung des Tanzes
● Tanzen in der „Großen Schlange". Zuerst führt ein Erwachsener an, dann einzelne Kinder
● Tanzen der „Kleinen Schlangen"
● Üben des Wechsels mit Aufforderung oder durch ein Zeichen, z.B. das Ausblenden der Musik
● Einführung des regelmäßigen Wechsels in der kleinen Gruppe zu rhythmischer Begleitung

2. Einführung des Tanzes
● Einführung des Tanzliedes
● mit fließendem Übergang die Tanzeinführung

3. Tanzen der „Perlenkette"
● Gemeinsames Tanzen in verschiedenen Kleingruppen
● Selbständiges Tanzenlassen in den Freispielzeiten des Kindergartentages

Lied und Sitztanz
von Anneliese Gaß-Tutt

Wasserschaukel

Schaukeln ist einfach schön!
Das Lied gibt den Rhythmus. Genauso wichtig aber ist: Es geht nur
miteinander. Erst das gemeinsame Schwingen macht richtig Spaß.
Kommt es nicht zu diesem gleichgerichteten Schwung, tritt gar einseiti-
ges Ziehen, Zerren und Reißen störend an seine Stelle, so ist das Schau-
keln mühsam und reizlos!
Auf dem Weg zu einer allseitigen körperlichen Geschicklichkeit ist das
Pendeln und Schaukeln am Platz eine erstrebenswerte Fertigkeit.
Gleichzeitig lernen die Kinder, im Tanzspiel die verschiedenen
Grundrichtungen wie hin und her, vorwärts und rückwärts und die
Zeitmaße wie langsam, normal und schnell bewußt zu beherrschen.

Tanzlied

1. Wie - ge mit der Wel - le, klei - nes Boot, weiß und rot,
schauk - le auf dem Was - ser, klei - nes Boot, weiß und rot,

ganz lang - sam und nicht schnel - le, klei - nes rot - wei - ßes Boot;
und spritz uns nicht noch nas - ser, klei - nes rot - wei - ßes Boot.

La - da lai - a lau - a litsch, patsch pitsch patsch pitsch,

la - da lai - a lau - a litsch, patsch pitsch patsch pitsch.

2. . . . .
   nicht langsam und nicht schnelle
   . . . .

3. . . . .
   nicht langsam, sondern schnelle
   . . . .

Tanz-
beschreibung

Sitzweise:

hintereinander (nicht mehr
als 4–5 Kinder je Sitzgruppe)

Zu zweit einander gegenüber

Sitztanz-Form:
Die Erzieherin erzählt vom Schaukelboot im Wasser. Die Kinder
schaukeln hin und her, vorwärts/rückwärts, nur mit den Armen/
Beinen/dem Kopf/den Händen usw.

Ausweitung:
Wir schaukeln an verschiedenen Plätzen im Raum, auf dem Spielplatz oder im Garten.

Bei allen Sitztanz-Ausführungen im Freien ist nicht unwesentlich:
Die Sitzplätze dürfen nicht zu hart und keinesfalls stark uneben
sein.

Methodische
Erläuterungen

Die wichtigsten Lernziele sind bereits in der Einleitung dargelegt.
Das paarweise Schaukeln stellt auch eine erste Partnerübung dar:
Nur wenn einer sich auf den anderen einstellt, gelingt es und
macht auch Spaß. Deshalb sollte so begonnen werden, daß sich
zwei Kinder gegenübersitzen und beide Hände geben.

Verschiedene Sitzweisen an unterschiedlichen Plätzen bringen für
das Schaukeln die notwendige Steigerung:
1. Möglichkeiten im Raum:
   ● Zu zweit einander gegenüber auf Stühlen, Hockern, Kisten
   und Kasten, auf Schaumstoffrollen, auf dem Teppich;
   ● hintereinander mit gleicher Blickrichtung auf Stühlen, Hok-
   kern, Kisten und Kasten, auf Schaumstoffwülsten, auf dem
   Teppich, einer Bank
2. Möglichkeiten im Garten, auf dem Spielplatz:
   Wie oben und auf dem Rasen, einer Mauer, im Sandkasten (als
   „See").

Eine hübsche Unterstützung findet das Schaukeln, wenn z. B. die Sitzplätze in nicht zu großen Sitzgruppen mit Polstern, Kissen, Tüchern, Servietten oder Papptellern in den Farben des Bootes markiert werden. Dann heißt es nur noch Platz nehmen!
Auch die Reihenfolge der verschiedenen Tempi motiviert. Wir beginnen zuerst im kindgemäßen normalen Zeitmaß und vergleichen damit „langsam" und „schnell", um ganz zum Schluß vom Langsamen zum Schnellen in der Abfolge der Strophen zu steigern. Später schaukelt dann das Boot, wie es von den Kindern im Tempo ausgesucht und gesungen wird.

Leitfaden
- Anschauung: Ein rot-weißes Spielzeugboot schwimmt in der mit Wasser gefüllten Wanne. Es schaukelt hin und her.
- Warum es schaukelt (Zusammenhänge Wasser – Wind bzw. unser Blasen).
- Wie es schaukelt: vorwärts – rückwärts, zur einen Seite – zur anderen Seite.
- Wir schaukeln mit, jedes Kind für sich.
- Einführung des Liedes
- Singen und Schaukeln in Zweiergruppen, dann in der kleinen Gruppe hintereinander; in den verschiedenen Tempi.
- Singen, Bewegen und Spielen in den jeweils selbst gesuchten und gefundenen Variationen.

Lied:
Liselotte Rockel
Die zweiteilige Melodie
kann auch als Kanon
gesungen werden.

Tanz:
Anneliese Gaß-Tutt

Kreisel-Tanz

Schon ganz kleinen Kindern macht es Spaß, auf dem Arm eines Erwachsenen ein schnelles Drehen zu erleben.

Später, wenn die motorische Geschicklichkeit dazu ausreicht, beginnen die Kinder mit eigenen Versuchen. Mit oder ohne äußerlich erkennbarem Anstoß beginnen sie sich zu drehen. Dabei kann man viele Variationen entdecken, vor allem, wie die Kinder Hände und Arme halten. Das Lied vom Kreisel ist leicht, Text und Melodie regen zum Drehen an. Das Kreiseln macht Spaß. Rechtzeitig aufhören!

Tanzlied

(1) Dreh dich, klei - ner Krei - sel, dreh dich, dreh dich um.

(2) Dreh dich, klei - ner Krei - sel, dreh dich, dreh dich um.

Musikalische
Ausweitung:

MC zu diesem Buch,
Seite A, Nr. 5
„Stuttgarter Dreher"

MC „Ringel-Kringel",
Seite B, Nr. 14
„Kettenkarussell"

LP FidulaFon 3060,
Seite B „Comics"

Aufstellung:
Die Kinder (höchstens 5–7 Kinder in einer Gruppe) stehen oder sitzen frei im Raum verteilt.

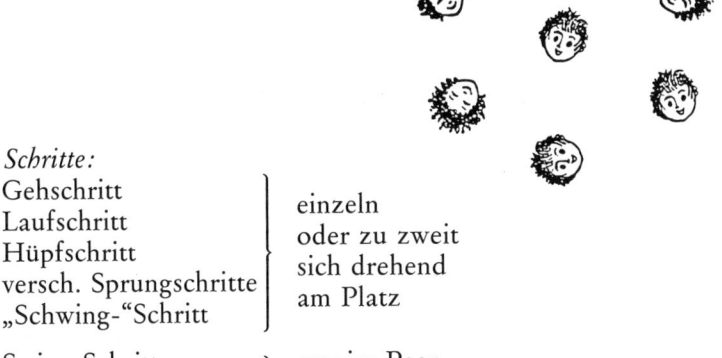

Schritte:

Gehschritt	
Laufschritt	einzeln
Hüpfschritt	oder zu zweit
versch. Sprungschritte	sich drehend
„Schwing-"Schritt	am Platz

Swing-Schritt	nur im Paar-
Galopp-Schritt	kreis

Tanz-
beschreibung

Jedes Kind ist ein Kreisel und dreht sich am Platz in verschiedener Weise, Richtung und Geschwindigkeit.

Ausweitung:

● Einige Kinder tanzen, die anderen singen dazu. Nach jeder Strophe erfolgt ein Wechsel.

● Die Kinder wählen sich zum Kreiseln ein bereitliegendes Gerät, z. B. Tücher, Bänder, Fähnchen, Papierstreifen.

● Singen des Liedes oder Spielen der Melodie im Kanon. Obwohl Singen im Kanon für diese Altersstufe noch kein Thema ist, kann mit einigen rhythmisch und musikalisch sicheren Kindern eine Kanon-Version versucht werden, wobei die versetzte Kanon-Stimme nur gesummt wird.
Als Klangvariation ist auch möglich, daß die Tanzleiterin die versetzte Kanon-Stimme auf einem Instrument spielt. Die Kanon-Einsätze sind im Lied mit (1) und (2) notiert.

Methodische
Erläuterungen

Oft beginnen Kinder von allein zu kreiseln, sich in selbstgewählter Richtung zu drehen, gehend, hüpfend, springend. Vor allem bei den Sprüngen gibt es viele Variationsmöglichkeiten, die unterschiedliche Geschicklichkeit voraussetzen. Deshalb gilt es für die Tanzleiterin, zuerst einfache Ausführungen mit Geh- und Laufschritten anzuregen, dann den Swing-Schritt einzuführen, bevor die Kinder sich auf einem Bein hüpfend drehen, es mit flachen Schlußsprüngen oder dem schon recht schwierigen Schwing-Schritt (= ein Bein ist Standbein, das andere schwingt leicht vor und zurück) versuchen.
Die Tanzleiterin wird bald erkennen, wenn die Kinder sich zu so anstrengenden Schritten steigern möchten, daß Drehen und Singen gleichzeitig nicht mehr gelingt. Das ist der Zeitpunkt für die Aufteilung der Gruppe in einen singenden und einen tanzenden Teil.
Das Kreiseln macht Spaß, aber nicht zu lange! Deshalb rechtzeitig an einen Wechsel oder eine Pause denken.

Während des Kreisel-Tanzes macht jedes Kind elementare Körpererfahrungen, z. B.:

● Ich kann über meine eigenen Füße/Beine stolpern.

● Ich „fliege", d. h., ich bin im wohlempfundenen Gleichgewicht.

● Mir wird schwindelig.

Eine sensible, aufmerksame Erzieherin erkennt diese Einzelsituationen. Um die Freude daran zu erhalten, läßt sie öfter (kürzer) kreiseln, als einmal und nie wieder.

Die Tanzrichtung wählt jedes Kind unbewußt selbst, denn nur in der individuell angelegten Drehrichtung (meistens die Rechtsdrehung) fühlt man sich beim Kreiseln wohl (vergleichbar der Geschicklichkeit des Rechts- bzw. Linkshänders).
Auch die Schrittart und die Drehgeschwindigkeit hängen eng zusammen. Manche Kinder sind motorisch gesehen die reinsten Künstler, während andere sich z. B. beim drehenden Schwingen sehr schwer tun. Auch hier ist ein gezieltes, geduldiges Fördern besser als drängendes Fordern.

Die Schwierigkeiten der Kinder beim „Kreisel-Tanz" können von sehr unterschiedlicher Art sein. Daraus ergibt sich die Notwendigkeit einer auf die Gruppe abgestimmten, flexiblen Methodik, die allerdings in jedem Falle vom Leichten zum Schweren führen muß. Es bieten sich folgende Steigerungsmöglichkeiten an, die aber nicht schematisch auf jede Gruppe und jede Situation übernommen werden sollten:
● Jedes Kind kreiselt für sich allein mit freier Wahl der Ausführung.
Jedes Kind kreiselt das vorgegebene Drehbeispiel.
Ein Kind kreiselt als Solist verschiedene Möglichkeiten vor – die Gruppe macht es nach.
● Jedes Kind kreiselt für sich und findet nach Impuls seine Lieblingsbewegung.
Ein Kind um das andere kreiselt „seinen" Kreisel-Tanz vor – die Gruppe schaut zu.
Ein Kind um das andere wird in der Kreismitte Solist. Es kreiselt vor, die anderen nach.

● Jedes Kind kreiselt für sich, das Tempo wird durch verschiedene Schrittvorschläge der Tanzleiterin variiert.

● Jedes Kind wählt sich ein Tanzgerät aus. Die Tanzleiterin hat Tücher, Bänder, Fähnchen und Papierstreifen bereitgelegt. Die Tänzer brauchen dazu einen größeren Abstand!

● Vor- und Nachtanzen von besonderen Ideen der Kinder: Tanzen mit überkreuzten oder in die Luft gestreckten Armen, auf den Zehenspitzen, mit seitwärts gestreckten Armen als „Flügel-Kreisel", zu zweit in Zweihandfassung als „Propeller-Kreisel".

Jede dieser zuletzt genannten Variations-Formen sollte ein- bis dreimal getanzt werden, nicht länger. Wichtig ist auch hier ein häufiger Wechsel zwischen singender und tanzender Gruppe. Die für alle Kinder ohne zu große Anstrengung tanzbaren Schritte sollten immer den Schwerpunkt beim Kreisel-Tanz bilden.

Leitfaden

1. Beobachtung

● Wir lassen einen Kreisel tanzen und klären Begriffe wie „rundherum", „torkeln" usw.

● Wir lassen mehrere Kreisel gleichzeitig tanzen und beobachten, was passiert, wenn sie zusammenstoßen.

2. Erste Versuche

● Jeder kreiselt ohne Lied und Rhythmus für sich.

● Die Kinder kreiseln, die Tanzleiterin spricht dazu den Liedtext in rhythmisch betonter Weise.

3. Erlernen des Kreisel-Liedes

● in langsamem, gleichmäßigem Tempo,

● in normalem Tempo,

● in normal beginnendem, langsam gesteigertem und wieder auslaufendem Tempo. Ein Rhythmus-Instrument gibt die Tempoveränderungen an.

4. Lied und Tanz

● Singen und Tanzen im Wechsel.

● Auswahl zwischen den in den Methodischen Erläuterungen dargestellten Möglichkeiten und Variationen.

Lied und Tanz:
Anneliese Gaß-Tutt

Tix-Tax-Tausendfuß

Text und Melodie zu diesem Lied von Tix-Tax-Tausendfuß entstanden spontan in einer Kindergartengruppe bei der gemeinsamen Beobachtung eines Tausendfüßlers. Liebevoll wurde er zum Schluß wieder hinaus in die Freiheit getragen.

Das Thema dieses Tanzvorschlages ist das gemeinsame Tanzen in der Gruppe und das gemeinsame, koordinierte Ausführen verschiedener, gerichteter Bewegungen – geradeaus, im Bogen, rückwärts, geduckt u. a., denn Tix-Tax ist unterwegs auf der Wiese und erlebt so allerlei.

Tanzlied Das Tanzlied kann von den tanzenden Kindern gesungen werden. Die Tanzleiterin unterstützt den gleichmäßigen Rhythmus mit einer Handtrommel o. ä. (siehe dazu in Methodische Erläuterungen). Auch ein Ostinato mit folgenden Silben ist möglich:

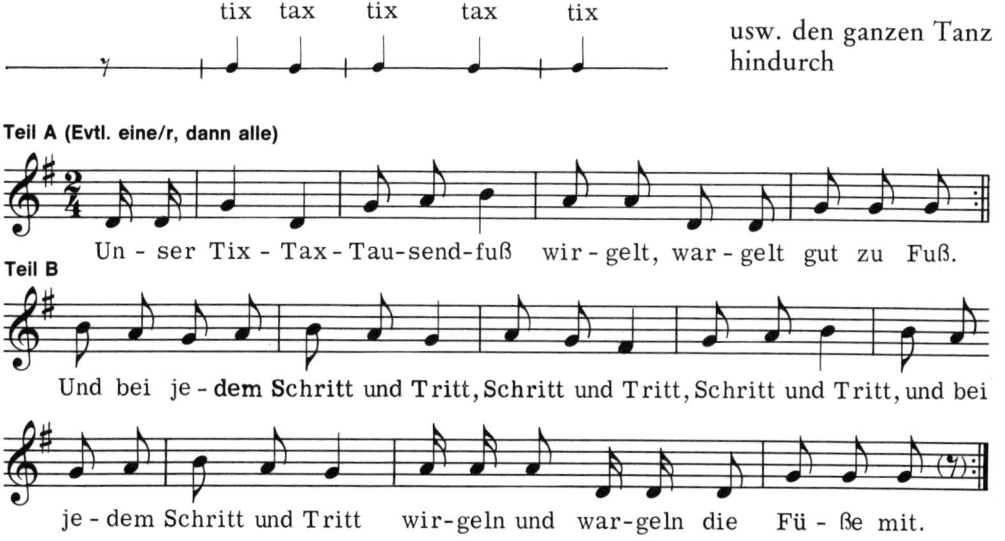

Die lautmalerischen Teile des Liedtextes fanden die Kinder bei der Beobachtung des Tausendfüßlers. Einer Kindergarten-Gruppe ohne diese Anschauungsmöglichkeit muß man diese Begriffe erklären.

Tanz-beschreibung

Tix-Tax-Tausendfuß ist unterwegs auf der Wiese. Dort stellen sich ihm verschiedene Hindernisse in den Weg. Die Tanzleiterin beschreibt jeweils mit kurzen, bildhaften Formulierungen, um welche Hindernisse es sich handelt und wie der Tausendfüßler darauf reagiert. Die Kinder tanzen je nach der Erzählung vorwärts, rückwärts, im Bogen, im Kreis, geduckt, breitbeinig, platschend usw.

eine Regenrinne	– er geht gerade vorwärts
große Steine	– er weicht aus
ein dicker Käfer sitzt vor ihm	– er geht rückwärts
ein Grashalmwald	– er macht sich schmal
eine Heuschrecke hüpft vorbei	– er geht am Platz
ein Löwenzahnblatt hindert	– er duckt sich
eine Pfütze breitet sich aus	– er geht um sie herum oder platscht hindurch
es ist nichts im Wege	– er geht, wie es ihm gefällt
usw.	

Ausweitung:
Der Tausendfüßler wächst und wird immer länger, maximal bis zu 12 Kinder in einer Linie. Es können natürlich auch mehrere Tausendfüßler gleichzeitig unterwegs sein. Zusammenstoßen dürfen sie nicht, denn: Die Ordnung der vielen Beine ist empfindlich!

Aufstellung:
5–6 Kinder in der Linie,
später ev. Erweiterung auf
max. 12 Kinder, alle in Hüft-
oder Schulterfassung.

Schritte:
Gehschritte, die pantomimisch
ausgebaut werden können,
z. B. kann der Tausendfüßler
mit den Beinen schlenkern.

Methodische
Erläuterungen

Das Tanzen in der Linie mit der engen Verbindung, die die Hüft-
oder Schulterfassung ergibt, stellt den Kindern mehrere Bewegungsaufgaben gleichzeitig. Die Tanzleiterin sollte sich klar machen, daß es gar nicht so einfach ist, was von den Kindern erwartet
wird:

● Gehen zusammen mit anderen Kindern.
● Gehen und singen im vorgegebenen, nicht eigenen Zeitmaß.
● Gehen in anzugleichender Schrittgröße.
● Gehen mit eingeschränkter Bewegung und Sicht.
● Gehen mit möglichst demselben Fuß wie die anderen Kinder.

Vorbereitende Tanzform:
siehe Seite 25
„Perlenkette"

Es heißt also im doppelten Sinne: Vor-Sicht, Nach-Sicht und
Rück-Sicht üben! Als Beobachtender macht man außerdem die
seltsame Erfahrung: Je mehr man diese Aufgaben mit den Kindern
„übt", um so unwahrscheinlicher wird der erwartete Erfolg. Dies
gilt vor allen Dingen für die Aufgabe, daß alle mit demselben Fuß
beginnen. Solche Fähigkeiten kann man nicht mit falschem Ehrgeiz erzwingen.
Manchen Kindern nimmt man sogar durch solche Aufgaben den
Spaß am Mitmachen. Ein Vorschlag: Kinder, denen eine oder
mehrere dieser Aufgaben schwerfallen, werden immer wieder entweder an die Spitze oder das Ende der Reihe gestellt.
Als Ziel für dieses Tanzspiel sollte gelten, daß die tanzenden Kinder das Lied auch singen. Das unterstützt den Bewegungsrhythmus, erfordert aber auch zusätzliche Konzentration.
Dieses Ziel kann nicht in einem Lernschritt angestrebt werden. Er
wäre zu groß, und die Überforderung würde die Kinder entmutigen. Für den Beginn sind drei Wege möglich, von denen der dritte
der beste ist:

1. Es werden eine Singgruppe und eine etwa gleich große Tanz-
gruppe gebildet, die sich abwechseln.
2. Die Tanzleiterin singt vorerst allein, begleitet von einer Handtrommel oder einem Tamburin.
3. Das Lied wird in kurze Teile aufgeteilt, die zuerst als einfaches
Ostinato die Tanzfiguren begleiten,

zum Beispiel:

Takt 1

Tix - Tax - Tix - Tax - Tix - Tax - Tax - Tax -

Dann das gleiche mit Takt 2:

Takt 2

Tau - send - fuß, Tau - send - fuß, Tau - send - fuß, Tau-send-fuß,

Als zweiter Schritt werden zwei Takte zusammengefaßt:

Takt 1 + 2

Tix - Tax - Tau - send-fuß, Tix - Tax - Tau-send - fuß,

Der gleiche schrittweise Ablauf wird mit Takt 3 und 4 wiederholt.

Auch für den Melodieteil B bietet sich eine solche schrittweise erweiterte Einführung zum Erlernen des Tanzliedes an:

Takt 6

Schritt und Tritt, Schritt und Tritt, Schritt und Tritt,

Takt 8

Schritt und Tritt, Schritt und Tritt, Schritt und Tritt,

Takt 6 + 8

Schritt und Tritt, Schritt und Tritt, Schritt und Tritt, usw.

Takt 5 + 6

Und bei je - dem Schritt und Tritt, und bei je - dem Schritt ...

Vorbereitende Tanzform:
siehe Seite 28
„Wasserschaukel"
(Richtungen am Platz)

Bei der zuletzt vorgeschlagenen Methode der Liedeinführung beim Tanzen werden natürlich nur einfache Bewegungen vorwärts, rückwärts oder im Bogen ausgeführt.

Erst wenn das Tanzlied allgemein gekonnt wird, ist ein Übergang zu schwierigeren Richtungen und Bewegungen möglich.

Die methodischen Vorüberlegungen zur Einführung der gegensätzlichen Richtungen in der Fortbewegung müssen sich am natürlichen Bewegungsverhalten des Menschen orientieren, d. h. dieser geht normalerweise vorwärts, steht manchmal still oder geht rückwärts. Deshalb wird auch die Vorwärtsbewegung die vorherrschende Richtung beim Tanzen sein.

Als sich steigernde Tanzanregungen bieten sich in einer gleichmäßig begabten Kindergruppe an:

● Unterbrechendes Ausruhen (= in der „Tausendfüßler-Linie auf den Boden setzen) und nach neuem Impuls wieder starten.

● Unterbrechendes Ausruhen (d. h. Hinsetzen im vorbereiteten Stuhlkreis) zum Weitererzählen, Vorschlagen und Klären der neuen Richtung(en). Dabei zu Beginn 2, später 3 Richtungen vorbereiten und nach dem Start abwechselnd oder aneinandergereiht tanzen lassen.

● Die Trommel / das Tamburin macht das Bewegungstempo hörbar

und die Erzieherin führt nach dem Ende jeder Liedstrophe während der Bewegung erzählend weiter und leitet die andere Richtung ein. (Anmerkung: Rückwärts zunächst Tempo verlangsamen.)

● Die Kinder versuchen, mit demselben Fuß zu beginnen. Dies zuerst rhythmisch, also ohne Singen testen.

● Tausendfuß wächst, d. h., die Linie kann zu einem langen Tausendfüßler von 10 bis höchstens 12 Kindern verlängert werden.

Leitfaden

1. *Wir lernen Tix-Tax-Tausendfuß kennen*
   (Anknüpfungspunkte z. B. Beobachtung, Bilderbuch, Vorlese-/Erzählstoff o. ä.).

2. *Wie er gehen kann:*
   ● Vorwärts (d. h. geradeaus, im Bogen, rundherum u. ä.)
   ● Auf der Stelle
   ● Rückwärts (d. h. wie es zum Ausweichen möglich ist)

3. *Wir lernen das Lied.*
   ● Tix-Tax-Tausendfuß geht los.
   ● In den möglichen Bewegungslinien vorwärts
   ● Auf der Stelle
   ● Rückwärts

4. *Tanzen, Singen und Spielen in den Variationen.*

Melodie:
Liselotte Rockel

Text und
Tanzbeschreibung:
Anneliese Gaß-Tutt

Josch, der Frosch

*Josch, der Frosch und seine Verwandten sind lustige Gesellen. Sie kön-
nen schwimmen und springen. Sie quaken für ihr Leben gern. Eine
kurze Einführungsgeschichte stellt den Kindern Josch und seine Familie vor, so daß die Kinder sie schnell kennenlernen und liebgewinnen
können.*

*Der Liedtext erzählt in kindgemäßer Form die Vorbereitungen für das
große Quak-Konzert und gibt damit die einfache Handlung für das
Tanzspiel vor. Das Lied läßt den notwendigen kreativen Freiraum, da
es sich nicht um eine gesungene Tanzbeschreibung handelt.*

Tanzlied

Teil A

Josch, der   Frosch, springt fort   aus   sei - nem Was - ser - loch,
A - bend - schein soll   heut' ein   herr - lich Quak - fest   sein,

Josch, der   Frosch, springt fort   aus   sei - nem Loch.   Im
plotsch plotsch plotsch   für   Frö - sche groß   und klein.

Teil B Josch/Kind

"Quak   quak!" - "Quak quak!" "Kommst du mit   mir zum gro - ßen Teich?

Quak   quak,   quak   quak, dann   qua - ken   wir   zu - gleich!"

Teil C Froschkonzert als Schluß

Das Froschkonzert ist ein rhythmisch freies, lautes oder leises
Quaken aller Kinder gemeinsam.

Tanz-
beschreibung

Aufstellung:
8–20 Kinder sitzen im Kreis im Fersensitz auf dem Boden. Ein Kind ist „Josch" in der Kreismitte.

Schritte:
Froschsprünge oder Froschhüpfer: „Hocke dich nieder, springe hoch und vorwärts und strecke dabei die Arme weit nach oben, und wieder in die Hocke zurück."

Tanzform:

Teil A.   Josch springt mit Froschsprüngen im Kreis herum und hält am Ende der Melodie A vor einem Kind.

Teil B.   Beide quaken im Wechsel mit begrüßenden Kopf- und Armbewegungen die Einladung und die Antwort darauf.

Teil A.   Jetzt beginnen beide Frösche von vorn. Teil A und B werden so lange wiederholt, bis alle Kinder unterwegs sind. Ist die Zahl der noch sitzenden Kinder zu klein geworden für alle hüpfenden Frösche, begrüßen sich die Frösche beim Teil B untereinander.

Teil C.   Quakkonzert
              Josch sammelt gestikulierend alle anwesenden Frösche und dirigiert ein wunderschönes, frei schallendes, lautes oder leises Froschkonzert – so lange, bis er und die anderen müde werden, verstummen und in sich zusammensinken ...

Ausweitung:

● Das Geburtstagskind spielt Josch und ist damit die Hauptperson.

● Die einzelnen Kinder bekommen eine Rolle ins Ohr geflüstert: Ein neugieriger, ein zaghafter, ein lauter, ein leiser, ein frecher, ein ängstlicher Frosch, ein Superhüpfer usw. Sie spielen diese Aufgabe während des ganzen Tanzliedes. Nach dem Konzert springt einer nach dem andern heim und alle raten, welche Bewegungsaufgabe jeder wohl bekommen hatte.

● Die einzelnen Kinder stellen sich selbst die Spielaufgabe, die anderen raten.

Methodische Erläuterungen

Von der körperlichen Entwicklung her ist Springen aus der Hocke für kleine Kinder nicht so anstrengend wie für Erwachsene. Die Froschsprünge von Teil A und im Wechsel das ruhige Einladen von Teil B werden von den Kindern mühelos durchgetanzt, auch wenn diese Form des „Lawinentanzes" bei 20 oder gar mehr Teilnehmern etwas länger dauert.
Der von den Kindern angestrebte und erwartete Höhepunkt ist auf jeden Fall das Froschkonzert. Hierbei darf es im Kindergarten auch mal kurzfristig laut werden!

Wichtige Vorüberlegungen, geordnet nach Schwerpunkten, sind:
● „Josch", der Frosch und sein Lebensraum sollten möglichst aus der Sicht des Tieres betrachtet werden. Dabei wird das Wissen erweitert, und tanzend und spielend werden neue Erfahrungen gewonnen.
● Die einzige Stelle des Liedtextes, die einer Erklärung für die Kinder bedarf, ist das Wort „zugleich".
● Die Froschbewegungen, besonders die Froschsprünge, sollten durch direkte Beobachtung erfahren werden; also vormachen!
● Die frei gestalteten Begrüßungsgesten sollten keine menschlichen Begrüßungsarten sein. Hierfür sind Einfälle der Kinder willkommen.
Mein Vorschlag: Verbeugen und aufrichten von Kopf und Oberkörper. Beim Aufrichten wird mit den Händen beidseitig neben dem Körper zweimal auf den Boden gepatscht, danach werden die Arme angewinkelt bis etwa in Augenhöhe erhoben.
● Die einzelnen Bewegungselemente des Tanzspieles sollten den Kindern vor der Durchführung des Tanzes geläufig sein. Ich empfehle, diese Bewegungen als Vorübungen in die Einführungsgeschichte einzubauen.

● Zum Froschkonzert:
Hierfür gibt es vielfältige Möglichkeiten und Variationen.

Vorschläge für die Aufstellung:
– einfache Gruppierung, wie es sich ergibt,
– Frosch-Prozession, alle in einer Linie hintereinander,
– herkömmliche Chor-Aufstellung.

Vorschläge für die Konzertleitung:
– Josch bleibt Hauptperson und Dirigent,
– alle wählen einen Dirigenten, doch ist letzteres nicht in jeder Kindergruppe dieses Alters durchführbar.

Leitfaden

1. *Vorstellung von Josch*
   Wer er ist. Wo er wohnt. Was er gerne tut (z. B. auch springen und quaken).

2. *Einführung der Bewegungselemente*
   ● Vorübungen zum Springen (= alle Kinder)
   ● Die Froschbegrüßung (wir suchen uns eine/n Freund/in und lernen die Froschbegrüßung kennen).
   ● Wir springen und begrüßen uns frei im Raum mit jeweils wechselnden Partnern (2 bis 3mal).
   Begleitung durch ein Rhythmusinstrument, gespielt in 2 Klangfarben entsprechend den beiden verschiedenen Bewegungsteilen.

3. *Einführung des Liedes* (Teil A und B) durch Vor- und Nachsingen.
   ● Die Erzieherin ist Josch, alle anderen die Verwandten und Bekannten.
   ● Ein Kind ist Josch, alle anderen die Verwandten und Bekannten.
   ● Erstes Durchtanzen und Singen für alle frei im Raum mit jeweils wechselnden Partnern (2 bis 3mal).

4. *Tanzform*
   ● Einführung der eigentlichen Tanzform
   ● Das Quakkonzert
   ● Erneutes Tanzen und Spielen mit einem anderen Kind als Josch.

5. *Ausweitung bzw. Variation* (an einem anderen Tag).

Lied und
Tanzkonzeption:
Anneliese Gaß-Tutt

Ringsherum

*Der Kreis, das Ziel dieser Tanzaufgabe, gehört zur Tanzerziehung wie
die Luft zum Atmen.*

*Der Kreis ist eine der Urformen des Gruppentanzes, wenn nicht die
Urform überhaupt. Sie läßt sich bis weit in die Frühzeit der menschlichen Kultur zurückverfolgen. Der Kreis wird als Sinnbild des menschlichen Lebens verstanden. Anfang und Ende fließen in eins zusammen.
Gleichzeitig ist er auch der stärkste mögliche Ausdruck der Gruppenzu-
sammengehörigkeit.*

*Kinder erkennen das nicht bewußt, doch auch sie spüren, welche Wir-
kung von einem Tanz im Kreis auf alle ausgeht – widerstrebend vielleicht zu Anfang, doch zunehmend dann mit Freude an der
gemeinsamen Bewegung. Das Stichwort „ringsherum" wird im Tanzlied gegeben, und schrittweise sich steigernd werden die vielfältigen
Formen des Kreistanzes gemeistert.*

Tanzlied

Teil A

Um den *....., um den ....., rings um den ..... her - um,

um den *....., um den ....., im - mer rings her - um.

Teil B

Lu di lu di lu la la, lu di lu di lu la la,

lu di lu di lu la la, lu di lu la la.

* siehe die Text-Beispiele auf der nächsten Seite

Tanz-
beschreibung

Vorbemerkungen zur Tanzform:
Die hier dargestellten einfachen Tanzformen haben zwei Grund-themen:

● Tanzen in der Grundform des Kreises:
Durch motivierende Anstöße „üben" die Kinder, ohne es zu be-merken, und erlernen die nicht ganz leichte Bewegungsform, in einem Kreis zu tanzen.

● Finden von Tanz-Stichworten:
Die Teil-Aufgaben zum Thema „ringsherum" sollen von den Kin-dern selbst gefunden oder auch erraten werden.

Die Tanzvorschläge sind nach Altersstufen differenziert. Die Text-abwandlungen zum Tanzlied gehen auf verschiedene Anstöße und Dinge ein, die das Grundthema des Kreises variieren.

Ich nenne hier verschiedene Strophen-Beispiele:

Für die Altersgruppe 1 (3 bis 4 Jahre): Dinge mit kleinem Durch-messer
● Um den Stein, um den Stein ...
● Um den Korb, um den Korb ...
● Um den Baum, um den Baum ...

Für die Altersgruppe 2 (4 bis 5 Jahre): bei einiger Übung auch für Altersgruppe 1, Dinge mit größerem Durchmesser
● Um den Tisch, um den Tisch ...
● Um den Teich, um den Teich ...
● Um das Zelt, um das Zelt ...

Für die Altersgruppe 3 (5 bis 7 Jahre): bei einiger Übung aber auch gemeinsam von 4–7 Jahre, Dinge, die selbst gespielt oder darge-stellt werden
● Karussell, Karussell, rings um das Karussell ...
● Um den Turm, um den Turm ...
● Um das Rad, um das Rad ...

Aufstellung:
Kreis mit Blick zur Mitte, durchgefaßt, immer um einen sichtbaren Tanzmittelpunkt.
Bei Themengruppe 1: zu zweien, dreien, vieren, fünfen.
Bei Themengruppe 2: 5 bis höchstens 9 bis 10 Kinder.
Bei Themengruppe 3: 7 bis 12 Kinder je Gruppe für den Innen-
bzw. Außenkreis.
Schritte:
Gehschritte

Zur Durchführung des Tanzes:
Das Grundthema der Tanzbewegungen wird mit dem Liedtext
„Ringsherum" angegeben. Der gewählte Gegenstand ist entweder
einfach der Mittelpunkt, um den getanzt wird, oder er bildet auch
das Stichwort für das Tanzthema in seiner speziellen Abwandlung.

Teil A. Gehen in TR →
Teil B. Gehen am Platz
Bei der Themengruppe 3 findet auf Takt 17–24 ein Platz- oder
Rollenwechsel statt, wie er bei den Stichworten „Karussell",
„Turm" und „Rad" beschrieben ist.

In der *Themengruppe 1* tanzen die Kinder im Paarkreis auf unterschiedliche Weise um verschiedene Dinge im Zimmer, im Garten
oder in der Spielecke herum. Als Impuls wird zunächst ein Beispiel
gegeben, und es werden mehrere Abwandlungsmöglichkeiten ausprobiert. Dann folgt: „Kannst du das auch mit ...?"
Das Tanzen im Paarkreis als kleinstem und einfachst zu gehendem
Kreis schließt sich an (Beispiele der Themengruppe 1). Wir umrunden zum Singen der Erzieherin während Teil A kleine wirkliche
Dinge, auch zu Dreien, Vieren oder Fünfen, je nach Umfang des
gewählten Gegenstandes. In Teil B wenden wir uns zur Mitte und
gehen mit kleinen leisen Schritten am Platz.

Für die *Themengruppe 2* werden der zunehmenden Fertigkeit und
der Altersgruppe entsprechend größere Dinge aus der kindlichen
Umgebung ausgewählt. Dazu muß der Kreis größer werden.

In der *Themengruppe 3* wechseln sich zwei Kindergruppen in der
tanzenden und darstellenden Rolle ab.
Die von mir dargestellten Beispiele können abgewandelt und erweitert werden:
● „Karussell": In Teil A bildet ein Teil der Kinder die feststehende
Mittelachse, der andere das sich in TR → drehende Karussell
(beide Kreise mit Blick zueinander). Während Teil B Platz- und
Rollentausch: Die innen stehenden Kinder bilden Tore, die Karus-
sell-Kinder lösen die Fassung, schlüpfen hindurch und wenden
sich nach außen zur Bildung der Mittelachse, während die andere
Gruppe sich auf der äußeren Kreisbahn nach der Mitte wendet
und durchfaßt.
● „Turm": Die eine Hälfte der Kinder hat die nach unten hängen-
den Hände gefaßt, bildet einen engen Kreis mit Blick nach innen
und ... ist der Turm, die andere umrundet ihn gegen TR ← (=
Takt 1–8) und in TR → (= Takt 9–16). Während Teil B werden

die Plätze und die Rollen getauscht: Die Turm-Kinder wechseln rückwärts gehend mit erhobenen Armen mit den Kreis-Kindern (Kreis-Kinder lösen die Fassung, schlüpfen durch die Armtore der Turm-Kinder und bilden danach den neuen Turm).

● „Rad": Die eine Hälfte der Kinder bildet das stehende oder auch sich drehende Rad. Dieses dreht sich nur gegen TR ←. Die andere Hälfte im Außenkreis umrundet es in TR →. Während Teil B Platz- und Rollentausch: Die Rad-Kinder lösen die Fassung und schlüpfen durch die Armtore der Kreiskinder.

Ausweitung:
Soweit dies die gewählten Tanzformen im einzelnen zulassen, können sich die Kinder mit einfachen, nicht zu lauten Klanggesten begleiten. Zu den geeigneten Klanggesten gehören: klatschen, mit den Fingern schnipsen, stampfen und ähnliche rhythmische Körperbewegungen.

Methodische Erläuterungen

Für Erwachsene scheint dieses „nur" Herumgehen im Kreis manchmal ein zu schlichter, ja sogar langweiliger Tanz zu sein. Doch für 3- bis 4jährige gibt es eine Zeit, in der sie mit Begeisterung immer und immer wieder im Kreis herumgehen und dabei dasselbe Lied singen. Genau dann sollten wir mit „Ringsherum" oder einem ähnlichen Tanz beginnen und mit den verschiedenen Steigerungen recht lange die Freude am Kreistanzen erhalten.

Immer wieder kann man beobachten, daß sich kleine Kinder spontan drehen, in Zweihandfassung paarweise im Kreis herumhüpfen und ähnliche ganz einfache Bewegungsformen im Kreis ausführen. Die Kreisform ist im Grundgefühl des Kindes „angelegt", doch muß sie bewußt entdeckt und als Bewegungsfertigkeit schrittweise erlernt werden.

Weitere Tänze zum Thema „Wir tanzen im Kreis" sind:
„Spielplatz-Karussell" in Tanzkarussell 1, Nr. 16
„Eierkuchen" in Tanztrubel, Seite 14
„Kinderkarussell" und „Riesenrad", beide in Ringel-Kringel Seite 30 und Seite 56
„Kranzbinden" in Tanzkarussell 1, Nr. 14

In jedem Fall sollte also gelten: Der Kreis muß nicht sofort exakt rund sein. Die Kinder brauchen etwas Zeit, bis sie sich locker und unverkrampft im Kreis bewegen können. Das Tun ist wichtiger als das Können. Dabei sind für die Tanzleiterin Entwicklungsunterschiede deutlich erkennbar.

Der Kreis ist eine Gruppentanzform, die in dieser Altersstufe *nur* durchgefaßt getanzt werden kann. Für viele Kinder ist die Handfassung Halt und Hilfe. Sie fühlen sich geführt, auch wenn das nur bedingt zutrifft. Für manche Kinder bedeutet die Handfassung allerdings eine erhebliche Bewegungseinschränkung. Sie zögern, sich einzupassen, und stören bewußt oder unbewußt den Ablauf. Hier gilt es geduldig zu beobachten und an der richtigen Stelle das

Kreistanzen zu unterbrechen und eine Solo-Figur zum Abreagieren einzuschieben.

Zu beachten ist auch, daß alle Kreistanzversuche in kleinen Gruppen begonnen werden sollten. Ein großer Kreis mit vielen Kindern ist in jedem Fall schwieriger.

Das Lied schleicht sich nach einigen Durchgängen von selbst in die Ohren und braucht deshalb keine besondere Einführung und Übung. Zuerst singt die Erzieherin zum Tanzen, bald singen die Kinder – meist ohne Aufforderung – von selbst mit.

Leitfaden   *Für die Themengruppe 1:*
- Einleitung „Um was herum kannst du tanzen?"
    „Wie kannst du ringsherum gehen?" –
    Im Kreis/Paarkreis.
- Suchen und Finden von kleinen vorhandenen runden Dingen, die wir zu zweit, dritt, viert oder fünft in der Kreisfassung umrunden können.
- Umrunden eines Gegenstandes, je nach Kinderzahl in mehreren aufeinanderfolgenden Abläufen zum Singen der Erzieherin.
- Suchen und Finden weiterer Dinge zum Umrunden.
- Gemeinsames Formulieren der Tanzstrophen. Wir singen und tanzen.

Für die Themengruppe 2:
- „Was alles ist bei uns rund?" – Sammeln von größeren, runden Dingen, die man mit 5 oder mehr Kindern umtanzen kann.
- Wir bilden miteinander die Tanzstrophen.
- Wir umtanzen die Dinge und singen dazu.

Für die Themengruppe 3:
- „Was kennst du für Dinge, die groß und rund sind?" Suchen und Sammeln solcher Dinge.

Hilfen:
- Die Erzieherin hängt zuvor im Zimmer Bilder von runden Gegenständen auf.
- Die Erzieherin stellt Rätsel.
- Die Erzieherin spricht kurze Sätze, in die sie jeweils einen runden Gegenstand eingebaut hat und den die Kinder herausfinden sollen. (Beispiele: „Auf dem Spielplatz steht ein Karussell." „Auf dem Turm weht eine Fahne." „Das Auto hat vier Räder.")

- Bilden der Tanzstrophen
- Darstellen der einzelnen Tanzbegriffe an verschiedenen Tagen.

Lied:
Liselotte Rockel
Tanzform:
Anneliese Gaß-Tutt

Tankstelle

Die überlieferten Brückenlieder und die damit verbundenen Tanzformen können weit zurück in die Vergangenheit verfolgt werden.
In der Regel tanzen zwei Gruppen. Die kleinere davon bildet im Tanzablauf die Brücke. Die Brücken-Kinder haben unter sich eine Frage ausgemacht und für die „richtige" oder „falsche" Antwort darauf eine geheimgehaltene Belohnung oder Bestrafung festgelegt, die dann entsprechend dem Liedinhalt vollzogen wird.
Nach diesem Muster ist der hier dargestellte neue Brückentanz entstanden. Er hat einen für die Kinder verständlichen Bezug zu ihrer alltäglichen Erlebniswelt. Auf die Bestrafung für eine „falsche" Antwort wurde verzichtet, beide möglichen Antworten sind „richtig". Sie entscheiden nur, welche von zwei neuen Bewegungsaufgaben ausgeführt wird.

Tanzlied

Teil A (Alle Kinder)

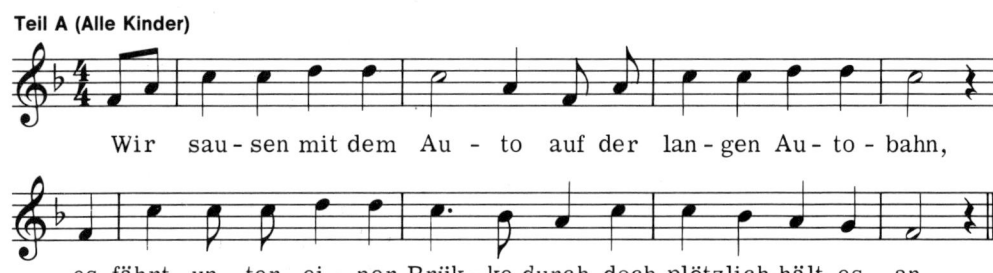

Wir sau-sen mit dem Au - to auf der lan-gen Au-to-bahn,

es fährt un-ter ei - ner Brük-ke durch, doch plötzlich hält es an.

Teil B (Brückenkinder)

Rat - ter knat-ter, rat - ter knat-ter, war - um kommst du her?

(Ein Kind, auch gesprochen)

Rat - ter knat-ter, rat - ter knat-ter, tan - ken bit - te sehr.

Teil C (Alle Kinder)

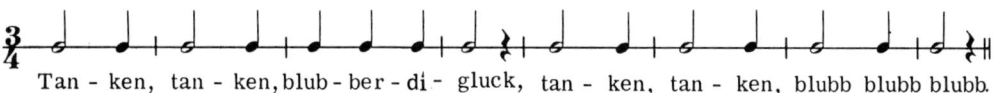

Tan - ken, tan - ken, blub - ber - di - gluck, tan - ken, tan - ken, blubb blubb blubb.

Teil D (gesprochen)   „Diesel oder Benzin?"

Tanz-   *Aufstellung:*
beschreibung   Zwei Kinder stehen sich gegenüber,
geben sich beide Hände
und bilden mit ihnen ein Tor.
Alle anderen Kinder
stehen hintereinander
in Schulterfassung.

Schritte:
Gehschritte

Tanzform:

Teil A.   Die Kinder fahren unter dem von den beiden Kindern
gebildeten Tor hindurch. Bei „hält es an" wird die
Brücke durch Herabsenken der Arme gesperrt.

Teil B.   Von den Brückenkindern wird an das stehende Auto
die Frage gestellt. Das Autokind antwortet.

Teil C.   Alle Kinder singen die Tankgeräusche mit, während-
dessen schaukeln die Brückenkinder das Auto zwischen ihren Armen leicht hin und her.

Teil D.   Mit der Beantwortung der Schlußfrage parkt das Autokind nach der vorherigen Absprache der Brückenkinder hinter einem von ihnen (d. h. getrennt nach
„Diesel" und „Benzin"). Dann von vorne bis alle Kinder parken.
Nach vorheriger geheimer Absprache entscheiden die
beiden Brückenkinder, ob die Benzin-Gruppe oder die
Diesel-Gruppe weiterfahren darf. Die andere Gruppe
kommt auf die Hebebühne, d. h., jedes Auto wird auf
den gefaßten Händen der Brückenkinder ein- oder
mehrmals hochgehoben.

Ausweitung:
● Die „Tankstelle" kann zum Geburtstags-Tanz werden, wenn
das eine Brückenkind das Geburtstagskind ist. Es bestimmt dann
die Auslegung der Schlußfrage in Teil B.

● Die Autos der einen Gruppe schleppen jeweils die der anderen ab.

● Die Tankstellenausfahrt ist verstopft. Ein Tankwart regelt den Verkehr bei der Ausfahrt.

Methodische Erläuterungen

Jedes der überlieferten Brückenlieder hat am Schluß eine andere Frage und meist eine eigene Lösung. Dabei wird die Gruppe oft in zwei Kategorien, in „gut" und „schlecht" eingeteilt, z. B. in „Engel" und „Teufel" („Engel in den Himmel tragen, Teufel hin und her zu jagen"). Bei sensiblen Kindern kann sich eine solche, das Kind bewertende Schlußlösung, schon während des Tanzens zu einer Spannung anwachsen, die die Freude am Mitmachen zerstört. Durch die Antwort des „falschen" Wortes auf die „schlechte" Seite zu geraten, vor allen anderen Kindern als „schlecht" oder gar „böse" bezeichnet und als Folge zudem noch unsanft behandelt zu werden, belastet manche Kinder mehr, als oberflächlich zu erkennen ist.

Dies war der wichtigste Grund, ein neues Brückenlied zu schaffen, das frei von dieser positiv-negativen Konzeption ist und im aktuellen Sachbezug verschiedene, für alle positive Schlußmöglichkeiten zuläßt. Dabei bleibt zu berücksichtigen, daß Kinder (unveränderte) Lied- und Tanzwiederholungen lieben. Darum sollte eine zeitlang dieselbe Schlußlösung getanzt und erst, wenn diese „verbraucht" ist, zu einer Variation übergegangen werden.

Die Brückenkinder sind in diesem Lied Autobahnbrücke, Tankstelle, Zapfsäule und evtl. Hebebühne in einem. Das widerspricht nicht ihrem Vorstellungsverständnis, und diese Rollensituation wird normalerweise ohne weiteres angenommen.

Das Sachthema muß von allen Kindern verstanden werden. Es ist falsch, anzunehmen, daß *alle* Kinder den eigentlichen Tankvorgang und auch andere Abläufe in einer Tankstelle kennen. Deshalb sollte zu Beginn der Besuch einer Tankstelle stehen. Das ist nicht sehr schwer zu organisieren; verschiedene inhaltliche Klärungen sind an Ort und Stelle oder kurz danach sinnvoll.

Wichtig ist eine sorgfältige Vorbereitung und eine stufenweise Einführung des Tanzablaufes, weil ein Tanzspiel mit vier verschiedenen Aktions-Teilen an Kinder in dieser Altersstufe gewisse Ansprüche stellt.

Als Abschluß dieses Besuchs lernen wir am nächsten Morgen im Rollenspiel die Teile B und C, gestaltet als kleines, vorbereitendes Tanzspiel.

Wir beginnen mit dem Sprechvers von Teil C. Er bildet den An-

schluß an den Besuch der Tankstelle. Alle Kinder sind im Sitzkreis einbezogen. Mit den ausgewählten Brückenkindern bauen wir zunächst die Tankstelle auf, und einzelne Kinder fahren getrennt und nacheinander als Autos vor. Vielleicht haben wir Spielautos aus Pappkarton (siehe Illustration), die das Spiel unterstreichen und die Aktivität erhöhen. Manchmal läuft der Kraftstoff langsam oder schnell, leise oder laut in den Tank, und das hört man unserem Sprechvers an.

Es folgt die Einführung von Teil B mit der Frage und der darauffolgenden Antwort, die zunächst von der ganzen Gruppe, später vom einzelnen Autokind gesungen wird.

Teil C schließt sich erst an, wenn nach mehreren Durchgängen Teil B sicher gesungen und gespielt wird.

So wird das Tanzlied stufenweise eingeführt. Um die Kinder nicht zu überfordern, kann es sinnvoll sein, das ganze Tanzlied im Zusammenhang erst am nächsten Tag zu singen und das eigentliche Tanzspiel „Tankstelle" zu tanzen.

Mit ein paar geschickten Kindern werden die wichtigsten Phasen des Ablaufes vorgemacht. Dann kann der Tanz in seinem vorgesehenen Ablauf für alle Kinder beginnen. Lied, Tanzbewegung und die Überraschung der nur den beiden Brücken-Kindern bekannten Schlußlösung fügen sich zu einem spannenden Bewegungsspiel mit vielfältigen Möglichkeiten zusammen.

Zum Thema „Gehen in der Linie mit Schulterfassung" siehe auch „Tix-Tax-Tausendfuß" auf Seite 35.

Leitfaden *1. Besuch einer Tankstelle*

2. Rhythmische Vorbereitung des Tanzspiels
● „Tankstelle" mit einem freien „Autospiel" der Kinder, allein, zu zweit (Lkw), zu dritt (Bus) am nächsten Tag.

3. Einführung des Tanzliedes
● Teil C als Sprechvers, alle Kinder sitzen im weiten Kreis auf dem Boden.
● Teil B innerhalb des Sitzkreises als ein kleines, vorbereitendes Tanzspiel:
Takt 9–12 Zuerst singen alle, dann die beiden Brückenkinder allein,
Takt 13–16 alle singen, während ein Autokind anfährt.
Wiederholung mit 2 bis 4 Autokindern.
● Erweiterung des vorbereitenden Tanzspiels um Teil C: Takt 9–16 wie vor, Takt 17–24 alle Kinder sprechen rhythmisch den Vers. Zum Schluß dieses kleinen Tanzspiels fährt das aufgetankte Auto nach eigener Wahl laut oder leise, schnell oder langsam ab. Das Spiel kann ein paar Mal wiederholt werden.

4. Einführung des Tanzspiels „Tankstelle"an einem folgenden Tag:
● Das ganze Tanzlied im richtigen Ablauf wird in der Tanzaufstellung gesungen, die Tanzleiterin erklärt und zeigt die gewählte Schlußlösung.
● Tanzen unter gelegentlicher Mithilfe der Erzieherin.
● Selbständiges Tanzen der Kinder.
● Nach einiger Zeit sollte eine neue Schlußlösung eingeführt werden.

Lied und Tanzform:
Anneliese Gaß-Tutt

Vaters Autoputz

Es gibt mehrere überlieferte Kinder-Tanzlieder, die zu diesem Tanztyp des „Erzähl-Tanzes" gehören. Dabei singen und tanzen zwei gegenüberstehende Reihen abwechselnd voreinander. Es kommt weniger auf einen großartigen Liedtext oder komplizierte Schritte an, sondern auf den Reiz des Wechsels und eine möglichst lange Dauer des Tanzspiels. Das macht den Spaß aus.

„Vaters Autoputz" hat diese Erzähl-Tänze zum Vorbild. Man sollte einen solchen unbeschwerten Tanz nicht überinterpretieren. Die Kinder passen konzentriert auf, wer gerade tanzen und wer pausieren muß. Ganz nebenbei lernen sie so, regelmäßig und richtig beim Tanzen einzusetzen.

Tanzlied

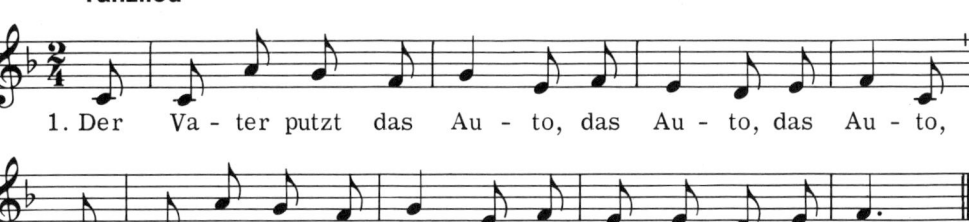

1. Der Va - ter putzt das Au - to, das Au - to, das Au - to,

der Va - ter putzt das Au - to, dann ist es blit - ze - blank.

2. Wie putzt er denn das Auto, ...,   wie putzt er's blitzeblank?
3. Er duscht es mit dem Schlauche, ..., er duscht es blitzeblank.
4. Wie putzt er denn das Auto, ...,   wie putzt er's blitzeblank?
5. Er spült ab mit der Spritze, ...,   er spült es blitzeblank.
6. Wie putzt er denn das Auto, ...,   wie putzt er's blitzeblank?
7. Er trägt dann auf die Poli-, die Poli-, die Politur,
   die Politur, die macht es, macht es blitzeblank.
8. Wie putzt er denn das Auto, ...,   wie putzt er's blitzeblank?
9. Er wischt nach mit dem Leder, ...,   dann ist es blitzeblank.

Eventuell weiter mit eigenen Einfällen

Schlußstrophe wie die 1. Strophe oder noch einmal von vorn.

**Tanz-
beschreibung**

Aufstellung:
2 Reihen mit bis zu 6 Kindern
stehen sich zugewandt
und durchgefaßt gegenüber.
(Abstand: 4 große Kinderschritte)

Schritte:
Gehschritte (vor- und rückwärts)

Tanzform:
Tanzbewegung in jeder Strophe:
Takt 1–2   Die Reihe tanzt singend mit 4 Schritten vorwärts zur
Gegenreihe und
Takt 3–4   mit 4 Schritten rückwärts zum Ausgangsplatz;
Takt 5–8   wie Takt 1–4.

Die Reihen wechseln sich strophenweise ab; die Fassung wird
nicht gelöst.
(Reihe 1 tanzt Strophe 1, 3, 5, 7, 9 und die Schlußstrophe. Reihe 2
tanzt 2, 4, 6, 8 und die Schlußstrophe.)

Methodische Erläuterungen

Das Tanzlied geht in kindgemäßer Weise auf das allgegenwärtige
Thema „Auto" ein. Der Liedtext kann natürlich ausgebaut werden.
Ohne Zählen, nur mit bewegungsunterstützenden Worten versu-
chen alle Kinder zusammen mit der Tanzleiterin zunächst das
Vierschritt-Motiv vorwärts und rückwärts in Reihe.

Zum
Beispiel: vor - wärts   ge - hen,   rück - wärts   ge - hen

Zur Ausweitung des
Themas „Erzähl-Tänze"
nenne ich hier noch:
„Wir feiern Hochzeit"
(Nr. 29) und
„Ein Schneider fing
'ne Maus" (Nr. 59),
beide beschrieben
in *Tanzkarussell* 1

Ist die Textfolge der Strophen 1/3/5/7/9 allen Kindern klar, so
wird in zwei ungefähr gleichlange Reihen aufgeteilt, und es kann
richtig losgehen.
Erhalten wir den Kindern die Freude an diesem Erzähl-Tanz und
erwarten keine perfekten Reihen, bei denen alle Kinder mit dem
gleichen Fuß beginnen müssen. Das hat Zeit für später.

Leitfaden

1. *Einleitung*
   Vater putzt das Auto:
   Was er alles braucht. – Wo er am besten mit dem Putzen beginnt. – Wie er weitermacht. –

2. *Einführung des Tanzliedes*
   Strophe 1 und die Melodie erlernen.
   Kennenlernen und singen der Fragestrophe.
   Unsere Strophen – unsere Antworten.
   Zusammenfassen, ordnen und singen.

3. *Tanzen des Liedes*
   Erstes Tanzen des Vierschritt-Motivs in einer durchgefaßten Reihe, zunächst ohne, dann mit Singen.

4. *Tanzen im Ablauf*
   Tanzen in der endgültigen Tanzform, Reihe 1 und Reihe 2 im Wechsel.

5. *Möglicher Abschluß:*
   Bei der Schlußstrophe fassen alle zum großen Kreis durch und tanzen gegen TR ← einmal herum.

Melodie und Text:
Liselotte Rockel

Tanzform:
Anneliese Gaß-Tutt

Zauberkind Wullewusch

Die Idee zu diesem Sitztanz entwickelte sich aus dem Wunsch und der Freude daran, spielerisch in eine solistische Rolle zu schlüpfen und als „Wullewusch" die Hauptperson vor einer vertrauten Gruppe von Spielgefährten und Freunden zu sein. Unterstützt wird das nicht für jedes Kind einfache Hineinwachsen und Sicherwerden in einer solistischen Rolle durch ein paar Requisiten.

Der von Strophe zu Strophe wechselnde Solist übernimmt eine Führungsrolle in der Kindergruppe, die sein Selbstwertgefühl und seinen Mut, seine Selbstbehauptung und Initiative fordert und fördert. Das bedeutet für das jeweilige Zauberkind agieren und für die Gruppe reagieren.

Tanzlied *Einleitung: Zaubertusch von Wullewusch in freier Ausführung*

Teil A (Alle Kinder)

Zau - ber-kind Wul - le - wusch, kannst den tol - len Zau - ber-tusch!

Teil B

Bist nicht groß, bist noch klein, Zau - be - rer bist du al - lein.

Teil C Wullewusch-Kind / dann alle Kinder

Sim - sa - la - bim, sim - sa - la - bit, al - le Kin - der trom-meln mit,

sim - sa - la - bim, sim - sa - la - bit, al - le trom - meln mit.

* Bei der Ausweitung des Tanzes auf andere Bewegungsthemen wird „trommeln" durch ein anderes Verb wie „fahren" u. ä. ersetzt.

Tanz-
beschreibung

Sitzweise:
Ein Kind stellt „Wullewusch" dar
und sitzt auf seinem „Thron",
einem Kissen oder Stuhl,
der es hervorhebt. Es hält
in jeder Hand als
Zauberstäbe je einen
Trommelschlegel oder
Paukenbesen. Auch andere
Instrumente sind geeignet,
die mit beiden Händen in
ähnlicher Form benutzt
werden können.
Den Kopf von Wullewusch ziert
der hohe, spitze Zauberhut.
Vor ihm steht eine Trommel, eine Pauke,
ein fester Pappkarton o. ä. Die anderen Kinder
sitzen im Fersen- oder Schneidersitz gegenüber.

Sitztanz-Form:
Einleitung: Zaubertusch
Wullewusch trommelt (laut oder leise, schnell oder langsam, kurze
oder längere Zeit). Die Kinder schauen und hören ihm still zu.
Schließlich breitet das Zauberkind die Hände aus und hebt dabei
die Zauberstäbe als Einsatzzeichen für das Tanzlied.

Teil A und B:	*Ehrenbezeigung*
Teil A, Takt 1–8.	Mit vielen kleinen oder 4 großen Verbeugungen bringen die Kinder Wullewusch ihre Anerkennung zum Ausdruck.
Teil B, Takt 9–12.	Jedes Kind der Gruppe streckt sich so weit wie möglich in die Höhe („bist nicht groß") und kuschelt sich ganz klein zusammen („bist noch klein") und richtet sich auf („Zauberer bist") zur nächsten Verbeugung („du allein").
Takt 13–16.	Wie Takt 9–12. Währenddessen legt das Wullewusch-Kind seine Zauberstäbe auf das Instrument.
Teil C:	*Wullewusch zaubert*
Takt 17–24.	Wullewusch singt und macht rhythmisch zum Lied seine Bewegungsaufgabe vor.
Takt 25–32.	Die Kinder in der Gruppe singen und machen mit.

Abschluß: Platz- und Rollenwechsel, Wullewusch steht auf und setzt einem der Kinder seinen Zauberhut auf. Dieses Kind übernimmt nun die Rolle von Wullewusch und setzt sich auf den Thron. Das Tanzspiel beginnt von vorne.

Ausweitung:
Das einfache Bewegungsthema des rhythmischen Trommelns kann auf andere Themen ausgedehnt werden, die typische Bewegungsaufgaben und pantomimische Akzentuierung umfassen. In den methodischen Erläuterungen sind einige Vorschläge näher ausgeführt.

Methodische Erläuterungen

Durch seinen gegliederten Aufbau erfordert dieser Sitztanz eine besonders durchdachte Einführung. Es bietet sich an, sie in mehreren, nicht zu langen Teilen an verschiedenen, aufeinanderfolgenden Tagen in den Tageslauf einzuflechten. Um jedesmal neu zu motivieren, braucht jede dieser Einheiten einen besonders reizvollen Schwerpunkt, um den sich die Sitztanzelemente gruppieren.

Teil 1 Schwerpunkt: Wullewusch wird vorgestellt.
Einführung des Liedes in seinen wichtigsten Teilen.
Teil 2 Schwerpunkt: Wullewusch im Zaubersaal.
Die Zaubergesten innerhalb des Tanzlieds und die anderen Bewegungen des Sitztanzes werden ausprobiert.
Teil 3 Schwerpunkt: Wullewusch, das Zauberkind.
Tanzlied/Sitztanz in der endgültigen Form mit kreativem Teil C (den zu erfindenden Bewegungen) wird getanzt.

Wichtig ist, daß in allen Einführungsstufen der spielerische Charakter der Themenstellungen erhalten bleibt.

In seiner Ausführung soll dieser Sitztanz im Wechselspiel zwischen Zauberkind Wullewusch und der gegenübersitzenden Gruppe jedem Kind das Hineinwachsen in eine solistische Rolle ermöglichen. Alle Kinder sollten also während des Tanzes einmal die Solistenaufgabe übernehmen.
Nicht jedes Kind wird sofort eine überzeugende eigene Form für das Bewegungsthema des Teils C finden. Ein paar behutsame Anregungen der Erzieherin bei der Tanzeinführung können den Kindern Anstöße für eigene Variationen geben. Doch auch ein Nachahmen vorangegangener solistischer Lösungen kann als gelungene Ausführung gelten, denn gehemmte Kinder vollbringen eine große Leistung, wenn sie sich überhaupt an eine solistische Rolle wagen.

Das wesentlichste Hilfsmittel zur Überwindung von Hemmungen ist neben den genannten einfachen Requisiten wie Zauberhut und Trommelschlegel/Zauberstab der von der Formel „Simsalabim" begleitete „Zauberakt", der die anderen Kinder zum Mitmachen und Nachahmen bringt. In der Rolle des Wullewusch kann auch ein zaghaftes Kind eine Führungsrolle ausfüllen und so Selbstbehauptung und Initiative üben, sein Selbstwertgefühl und seine Phantasie entwickeln.

Das Tanzlied ist einfach zu verstehen, lediglich der Begriff „Tusch" wird erläutert werden müssen. Damit ist schon die Einführung gegeben.

Wenig Schwierigkeiten macht normalerweise die Zauberformel „Simsalabim simsalabit". Der gemeinsame Liedeinsatz gelingt leicht, wenn Wullewusch deutlich und sichtbar seinen Tusch beendet. Auf keinen Fall sollte hier nur die Erzieherin allein zu singen beginnen. Ein schöner Tusch kann durchaus wiederholt werden, wenn der Liedeinsatz nicht genauso schön gelungen ist.

Etwas schwieriger ist die eigentliche Spielsituation, denn jedes Kind muß als Wullewusch selbständig handeln, alleine singen und eine eigene, passende Bewegung finden, nur unterstützt von seinen Zauberrequisiten. Die klare Liedform unterstützt zusätzlich und läßt durch ein Minimum von Ausführungsregeln viel Freiheit in der persönlichen Darstellung.

Es wird immer wieder einzelne Kinder geben, die bei dieser solistischen Tanzaufgabe deutlich von dem hier beschriebenen Verhalten abweichen. Verhältnismäßig einfach ist es, Kinder zu dämpfen, die sich allzusehr produzieren wollen. Als „Zaubermeister" kann sich die Erzieherin dahinterstellen und Zauberbefehle ins Ohr flüstern, wenn der Tusch gar nicht mehr aufhören sollte.

Schwieriger ist es, sich auf das Gegenteil einzustellen:
● Es gibt immer wieder Kinder, die nicht „Hauptperson" sein wollen, weil sie den Schutz der Gruppe suchen. Sie meiden die Selbstdarstellung, denn sie sind sich selbst nicht sicher. Eine sensible Erzieherin kann, durch individuelles Beobachten bestärkt, das Vermögen der einzelnen Kinder einigermaßen einschätzen, und sie macht solchen Kindern Mut. Das kann bedeuten: Sie vereinfacht die Aufgabenstellung und formuliert sie so, daß das Kind sie bewältigen kann und durch diesen Erfolg eine Stärkung seiner Persönlichkeit erfährt. Mißlingt dem Kind die Lösung der Aufgabe doch, so muß die Erzieherin sofort zu einer noch einfacheren Form überleiten.
● Manches Kind kann mit ziemlicher Sicherheit die für die Altersstufe angemessenen Anforderungen nicht erfüllen, weil es „zurück"-geblieben ist. Es aber beim Tanzen auszuschließen käme einer offensichtlichen Isolation oder Zurücksetzung gleich und wäre keine Lösung. Solchen Kindern stellt man beim „Wullewusch" ein sicheres Kind als „Lehrling" oder „Zauberkind-Freund/in" zur Seite oder assistiert ihm selbst. (Wichtig: Rollenverteilung absprechen, z. B., das Kind spielt den Tusch, der „Lehrling" versucht zu zaubern.)

Mit 5- bis 6jährigen Kindern kann der Sitztanz ausgeweitet werden. Der „Zauberakt" von Wullewusch wird zu einer kleinen pantomimischen Geschichte ausgebaut. Dabei werden verschiedene Bewegungsthemen im Sitzen oder auch im Stehen dargestellt. Die Erzieherin erzählt hierzu eine kleine Geschichte, das Zauberkind macht vor, die anderen Kinder machen nach.

Solche kleinen Episoden aus dem kindlichen Alltag können sein:
● Wullewusch fährt Auto und muß dabei starten, steuern, das Fenster auf- und zukurbeln, schalten usw.
● Wullewusch badet in einem See und springt dabei ins Wasser, prustet, reibt sich das Wasser aus den Augen, schwimmt usw.
● Wullewusch träumt und wählt dazu freie Bewegungen, die seine Gefühle zum Ausdruck bringen.

Solche Ausweitungen des Tanzes mit neuen Themen sollten immer zeitlich getrennt voneinander ausgeführt werden.
Am Anfang jeder pantomimischen Darstellung steht immer der „Zauberakt", d. h., das Auto, der See werden herbeigezaubert.

Leitfaden   *1. Einführung Teil 1*
● Erzählen von Wullewusch, dem Zauberkind, seinem Kennzeichen und Fähigkeiten wie Zaubersaal, Zauberstäbe usw.
● Wullewusch hat gerne Gäste. Sie reden und singen mit ihm. Dabei werden Teil A und B des Liedes eingeführt und erlernt.
● Erzählen von Wullewusch und seinen Zauberworten mit rhythmischem Sprechen von „Simsalabim, simsalabit". Dies erfolgt in mehrmaligem Wechsel zwischen Erzieherin und Kindern.
● Einführung und Erlernen von Teil C des Liedes durch Vor- und Nachsingen.
● Üben von Teil C im Wechsel von Solistenkind (auch zwei bis drei) und Gruppe, zusammen mit einem unterstützenden Klatschrhythmus.
● Festigung des Liedes durch Singen aller Teile im Zusammenhang.

2. Einführung Teil 2, am nächsten Tag
● Wullewusch im Zaubersaal mit Einführung der Zauberrequisiten: Thron Hut, Stäbe, Trommel o. ä.
● Der Zaubertusch wird ausprobiert, wobei der Liedeinsatz im direkten Anschluß einbezogen wird.
● Wiederholung des gesamten Liedes.
● Wir besuchen Wullewusch, er ist aber noch nicht da. In dieser Vorbereitungsstufe werden Lied und Sitztanzbewegungen zusammengefügt, und die Gäste lernen, wie man sich im Zaubersaal verhält.
● Wullewusch kommt, d. h., ein Kind übernimmt die Rolle. Die Erzieherin dirigiert behutsam den Wechsel des Solistenkindes bei jeder neuen Strophe. Dabei wird vorläufig nur gesungen und geklatscht.

3. Ausführung des Sitztanzes mit Einsatz der Requisiten
und in der beschriebenen Grundform. Dabei wird das Lied sooft wiederholt, bis jedes Kind der Gruppe einmal Solist war.

4. Ausweitung, an einem folgenden Tag
● Einführungsgeschichte: „Heute zaubert Wullewusch für uns ein großes Auto herbei, und wir machen mit ihm einen Ausflug. Beim Steuern des großen Autos müssen wir ihm helfen."
● Ausführung des Sitztanzes mit einem abgewandelten Liedtext und ausführlicher pantomimischer Untermalung.

Lied und
Tanzkonzeption:
Anneliese Gaß-Tutt

Fest der Mode

Der Reiz der Verkleidung und des Verkleidens erfaßt Erwachsene wie Kinder gleichermaßen. Bei dem hier gestellten Thema „Modenschau" kommt dazu: „Ich darf mich zeigen!" Für viele Kinder ist das ein Fest. Sie können sich erproben, darstellen, ausspielen, diesmal ohne andere an die Seite zu drängen. Manche schlüpfen mit der Verkleidung in eine andere Rolle, sind nicht wiederzuerkennen und übertreffen sich selbst. Die scheueren und schüchternen Kinder können ihre Auswahl zu zweien oder im Schutz einer kleinen Gruppe vorführen, unterstützt durch Wort und Musik.

Der Wechsel zwischen freigestalteten Bewegungsteilen zur Musik vom Tonträger und dem gemeinsam gesungenen Lied als Refrain ergibt eine Rondoform, die sich als Modell für eine kreative Tanzerziehung bewährt hat.

Tanzlied

Teil A

Mo - den - schau, Mo - den - schau, für den Mann und für die Frau,

und vor al - lem für das Kind. Kommt und seht ge - schwind!

Teil B   **Alle oder einige**

Al - les für die Da - me! Wir ma - chen groß Re - kla - me!

Al - les für den Herrn! Seht her, das trägt er gern!

Al - les für das Kind! Kommt her und schaut ge - schwind!

Teil B kann auch von drei Gruppen im Wechsel gesungen werden.

Tanz-
beschreibung

Musikvorschläge:

Die Musikcassette zu diesem Buch bietet folgende hier verwendbare Universalmusiken an:

Seite B
Nr. 9 „Happy Charleston" (4/4-Takt)
Nr. 11 „Mach mit!" (4/4-Takt)

Auch andere Universalmusiken mit lebhaftem, spritzigem Rhythmus sind geeignet. Die Möglichkeiten schließen zeitgebundene Musik zu Modetänzen ein.

Anmerkung:
Die vorgeschlagene Rondoform für das Tanzspiel mit dem Wechsel zwischen Musik vom Tonträger und gesungenem Tanzlied läßt sich praktisch leicht durchführen, wenn die gewählte Universalmusik mehrmals hintereinander ohne Pause auf eine Kassette überspielt wird. Die Erzieherin kann dann zum richtigen Zeitpunkt aus- und wieder einblenden, um das Refrain-Lied dazwischenzufügen.

Aufstellung:
10 bis maximal 20 Kinder stehen frei in der Gruppe um den improvisierten Laufsteg herum.

Schritte:
Gehschritte, Schritte frei nach Wahl, Wiegeschritte, Drehungen verschiedener Art und einfache Modetanzschritte wie Twist und Pop.

Tanzform:
Hier ist ein Vorschlag für einen möglichen Tanzablauf in Rondoform dargestellt, der in vielfältiger Weise variiert werden kann. Das gesungene Lied von der Modenschau gliedert den Tanzablauf. Aus den frei um den improvisierten Laufsteg verteilten Kindern lösen sich jeweils die einzelnen kleinen Gruppen und Solisten heraus und tanzen über den Laufsteg. Die übrigen Kinder sind die Zuschauer. Die Leitung der Modenschau dirigiert den Ablauf.

● Alle singen das Lied.
● Die Modenschau wird durch die Erzieherin, später durch ein Kind angekündigt.
● Kindergruppe 1 tanzt über den Laufsteg. Dazu wird die vorbereitete Universalmusik eingeblendet und am Ende wieder ausgeblendet.

- Alle Kinder singen wieder das Lied.
- Kindergruppe 2 bzw. ein oder mehrere Solisten tanzen über den Laufsteg.
- Alle Mädchen singen das Lied.
- Mehrere Solisten tanzen hintereinander über den Laufsteg.
- Alle Jungen singen das Lied.
- Fortsetzung, bis alle Kinder auf dem Laufsteg dran waren.
- Schluß: alle Kinder fassen durch zur langen Kette und tanzen im Kreis oder als Schlange um den Laufsteg herum.

Methodische Erläuterungen

Dieses Tanzspiel ist gleichzeitig ein Verkleidungsspiel. Ohne überlegte Vorbereitung durch die Erzieherin wird es über ein turbulentes Verkleidungsspiel nicht hinauskommen und im Chaos enden.

Deshalb sollten am Anfang einige organisatorische Vorbereitungen der Erzieherin stehen:
- Sammeln der verschiedensten gebrauchten Kleidungsstücke, Hüte, Gürtel, Schuhe, große und kleine Tücher usw. Die Eltern der Kinder helfen da sicher gern.
- Zusammentragen und Testen von verschiedenen geeignet erscheinenden Universalmusiken. Bei passender Gelegenheit stellt die Erzieherin fest, welche Musiken bei den Kindern rhythmisch gut ankommen. Daraus wird dann entsprechend der Anmerkung zu den „Musikvorschlägen" eine Musik-Cassette mit ausreichender Abspieldauer hergestellt.

● Überlegungen für die Herstellung eines sicheren Laufsteges ohne allzu großen Aufwand. Unter Umständen genügt die Markierung einer entsprechend großen Fläche im Raum mit Kreidestrichen oder (besser) Klebeband.

Die Kinder werden auf das Tanzspiel „Modenschau" vorbereitet, indem sie:
● mit dem Gesamtablauf vertraut gemacht werden;
● Bewegungsmöglichkeiten auf dem Laufsteg kennenlernen: geradeausgehen, dazwischen auf der Stelle gehen, vorwärts- und rückwärts gehen, Wiegeschritte seitwärts machen, sich rundherum drehen;
● die Reihenfolge ihrer Auftritte erfahren.

Anlässe für eine Modenschau gibt es immer wieder:
● Es wird Sommer, und es werden leichte, luftige Kleider vorgestellt.
● Fasnacht/Karneval kommt näher, und alle interessieren sich für lustige Kostüme mit Masken und Schminke.

Die eigentliche Modenschau beginnt nach dem Verkleidungsspiel. Jedes Kind hat sich aus dem zusammengetragenen Fundus der

Kleiderkiste herausgeputzt. Die Bewegungsaufgabe lautet: „Zeige dich den anderen von allen Seiten!"

Eine Modenschau ist eine Vorführung, bei der sich die mitwirkenden Mannequins und Dressmen konzentrieren müssen. Diese Erklärung macht für alle Zuschauer einsichtig, daß sie sich nicht störend unterhalten können. Ausführlicher Beifall gehört natürlich dazu.

Beim ersten Mal ist am besten die Erzieherin selbst die Leiterin und Ansagerin der Modenschau, doch später können geeignete Teilaufgaben an Kinder übertragen werden.

Weitere Variationsmöglichkeiten für dieses Tanzspiel sind:
● Eine Kindergartengruppe zeigt der anderen ihre Modenschau.
● Die „Großen" veranstalten eine Modenschau für die „Kleinen" und umgekehrt.
● Ein sprachlich gewandtes Kind übernimmt mit einem improvisierten Mikrofon die Vorstellung der Modelle.
● Am Anfang eines Kostümfestes in der Karnevalszeit steht eine Schau aller erschienenen Kostüme.

Leitfaden *1. Organisatorische Vorbereitungen*

2. Vorbereitung
● Wir lernen den Laufsteg kennen.
● Die Reihenfolge wird abgesprochen.
● Wir gehen den Laufsteg hinauf und hinunter und lernen Bewegungsmöglichkeiten kennen.
● Die geeignete Musik wird ausgesucht und ausprobiert.

3. Verkleidungsspiel

4. Modenschau mit Lied, Ansage und Vorführungen

2. Kapitel
Tanzen – ein Spiel
Tänze für jeden Tag

Konzeption entwickelt
von Anneliese Gaß-Tutt

Tanzecke

Die Tanzecke im Gruppenraum des Kindergartens oder an einer anderen geeigneten Stelle im Haus ist ein Tanzplatz, der sich zu immer neuen Tanz-Versuchen, -Spielen und -Späßen anbietet. Zusammen mit etwas Phantasie gibt sie als unerschöpfliches Hilfsmittel die Gelegenheit zum Tanzen aus reiner Freude an der rhythmischen Bewegung und ist ein vielfältiges Übungsfeld. So kann sie mit ein wenig Geschick zum Beispiel zum Verkehrsübungsplatz für die Grundregeln des Straßenverkehrs werden. Auch bei anderen Tanzvorschlägen dieses Kapitels läßt sie sich miteinbeziehen.

Musik-vorschläge

Die Tanzmusik wird passend zum gewählten Thema aus der eigenen Kindertanzmusik-Sammlung ausgewählt. Gerade zu den Tanzübungen in den Grundbewegungsarten Gehen, Laufen, Hüpfen, Springen u. ä. reicht eine begrenzte Anzahl von rhythmisch klaren und flotten Universalmusiken aus.

Weitere
Musikempfehlungen
zu den
Grundbewegungsarten
sind:
MC „Ringel-Kringel"
LP FidulaFon 3060
„Kinder-Party"
FidulaFon 1194
„gehen, hüpfen, laufen,
springen"
(nähere Angaben im
Anhang, S. 141)

Die Musik-Cassette zu diesem Buch bietet folgende hier verwendbare Universalmusiken zu den Grundbewegungsarten an:

gehen – Seite A, Nr. 1 „Schwäbischer Spaziergang" (2/4-Takt)
Seite B, Nr. 11 „Mach mit!" (4/4-Takt)

laufen – Seite A. Nr. 2 „Der stolze Hahn" (2/4-Takt)
springen – Seite A. Nr. 3 „Lustiger Springer" (6/8-Takt)
Seite B, Nr. 11 „Mach mit!" (4/4-Takt)

drehen – Seite A, Nr. 5 „Stuttgarter Dreher" (2/4- bzw. 3/4-Takt)

gehen, – Seite A, Nr. 6 „Tanzgarten" (2/4-Takt)
hüpfen, Seite B, Nr. 10 „Krabbelkäfer" (4/4-Takt) mit
laufen ansteigendem Tempo

Gestaltungs-vorschlag

Die Tanzecke kann in einen Gruppenraum, aber auch in eine geräumige Eingangshalle integriert werden. Ist dort nicht genug Platz, findet sich vielleicht im oder am Haus ein geeigneter Ort. Die Mindestgröße ist 3 m × 4,5 m; sie ist dann auch für das *Tanzgitter* geeignet (siehe Seite 74).

Material
Die von mir gemachten Versuche und deren Auswertung haben ergeben, daß eine geklebte Wegemarkierung die geeignetste Lösung ist. Stöcke, Seile oder Schnüre werden leicht zu Gefahrenquellen. Auch verschieben sie sich ständig. Wegezeichnungen mit Kreide

sind zu kurzlebig, und Markierungen mit Lackfarbe o. ä. sind in der Regel nicht möglich und auch später kaum veränderbar. Notwendige Rücksichten auf technische Hilfsmittel würden die Freude am Tanzen einschränken.

Für die Markierung von Tanzwegen ist mindestens 2,5 cm breites, farbiges Tesaband geeignet, aber auch selbstgeschnittene Streifen aus d-c-fix. Besonders wichtige Stellen werden mit großen Klebepunkten markiert.

Tanz-
möglichkeiten

Weitere Tanz-Vorschläge
für die Tanzecke
(Siehe
teraturverzeichnis, S. 142):
Aus Tanztrubel:
Farben-Tänze, Seite 50
Zwiegespann, Seite 63
Aus Tanzkarussell 1:
ingeling, da kommt sie an,
Nr. 63

Als Beispiel für die Nutzung einer Tanzecke ist hier das „Verkehrsspiel" dargestellt. Natürlich sind dabei viele Variationen möglich:

● Ein Kind nach dem anderen fährt „mit dem Roller" auf dem markierten Weg.

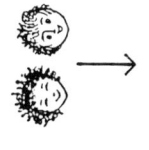

● Zwei Kinder tanzen als Pkw, d. h., sie haben offene Fassung und sind Fahrer und Beifahrer.

● Zwei Kinder sind ein Lastwagen mit Anhänger.
Aufstellung: mit gleicher Blickrichtung hintereinander in Hüft- oder Schulterfassung.

● Drei Kinder sind ein Bus.
Aufstellung: mit gleicher Blickrichtung hintereinander in Hüft- oder Schulterfassung.

Vorbereitung der Tanzecke für das „Verkehrsspiel"
Die vorgesehenen Tanzwege werden schrittweise entsprechend der methodischen Weiterentwicklung der Bewegungsaufgaben aufgeklebt. Mit jeder Stufe wird das Schema reichhaltiger und anspruchsvoller.

Stufe 1
In dem anfänglichen einfachen Rechteck können wir von einem markierten Startplatz aus gehen, laufen und hüpfen; wir bewegen uns geradeaus und müssen in der Kurve rechtzeitig abbiegen.

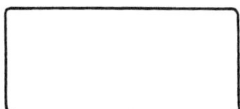

Stufe 2
Jetzt kommt eine Gegenfahrbahn
und der Gegenverkehr dazu.

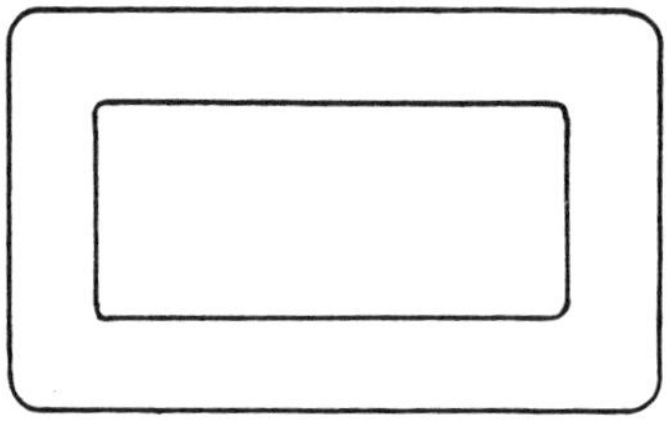

Stufe 3
Eine kurze Verbindungslinie
schafft eine Einmündung;
wir müssen jetzt auch bremsen
oder stoppen.

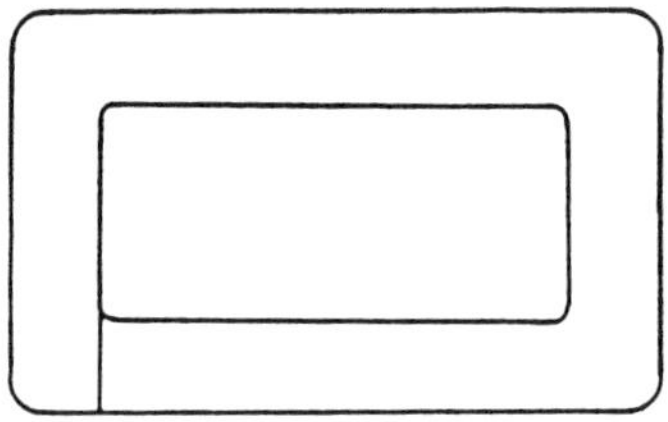

Stufe 4
Mit der zweiten Einmündung
wird Gehen, Laufen und Hüpfen
ohne Zusammenstöße eine
schwierigere Bewegungsaufgabe.

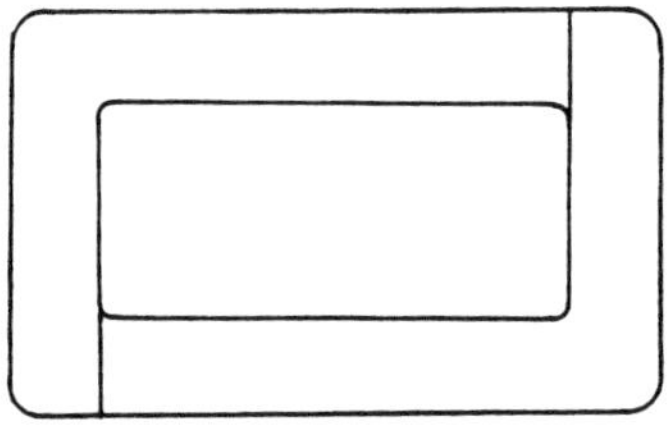

Stufe 5
Der Mittelkreis bringt neuen
Schwung und neue Anforderungen.

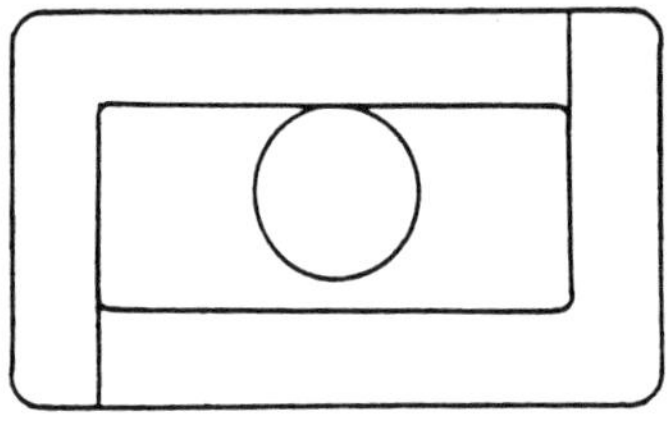

Die Qualität einer Tanzecke liegt nicht in der Reichhaltigkeit ihres
Wegesystems, vielmehr in der überlegten Einteilung, die bei aller
Vielfalt der Möglichkeiten einfach und übersichtlich bleibt. Also:
Nicht zu viele Kreuzungen und Kurven und in jedem Falle dazwi-
schen immer längere, ungehindert zu tanzende Strecken.

Methodische   *Grundregeln:*
Erläuterungen   ● Bei der Einführung, aber auch bei der Weiterführung sollten die
vorgesehenen Tanzwege fertig geklebt präsentiert werden, d. h.,
die Kinder haben keinen Einfluß auf die Wegführung.
Von Fall zu Fall ist es sinnvoll, die vorgesehene Richtung durch
aufgeklebte Pfeile sichtbar zu machen.

● Die Tanzwege rechtzeitig überlegen und in Ruhe aufkleben.
● Es sollte immer nur eine überschaubar kleine Zahl von Kindern gleichzeitig auf dem Wegesystem tanzen.
● Die begleitende Musik gibt nur das Tempo und die Gangart der Tanzbewegung an, zum Beispiel Gehen oder Hüpfen. Es ist nicht sinnvoll, bestimmte Tanzwege mit bestimmten Musikphasen zu koordinieren. Die unbeschwerte Bewegung, unterstützt vom Rhythmus der Musik, sollte nicht durch eine zu schwierige Aufgabenstellung belastet werden.

Sobald das Wort „Übung" im Raum steht, sollten sich die Erzieherinnen selbstkritisch beobachten, um nicht im Eifer des Guten zuviel zu tun. Es soll „geübt" werden, aber nicht gedrillt und nicht über die Grenze hinaus, wo es noch Spaß macht. Das gilt auch für eine frühzeitige Verkehrserziehung, die unbestrittenermaßen eine große Bedeutung für Gesundheit und Leben der Kinder hat. Um zu einem gesicherten Lernerfolg zu kommen, kann das Verkehrs-Thema auch in anderen Zusammenhängen gleichzeitig oder später behandelt werden.

Beim Tanzen nach diesen Vorschlägen in der schon etwas ausgebauten Tanzecke taucht bald die Frage der „Vorfahrt" auf. Hierfür müssen Lösungen gesucht werden, die zu der Kindergruppe passen und ihrem Auffassungsvermögen entsprechen. Geeignete Zeichen für die Vorfahrtsberechtigten lassen sich finden. Wenig sinnvoll sind hier Erklärungen mit den Begriffen „rechts" und „links". Das übersteigt noch die Einsichtsmöglichkeiten der Kinder in diesem Alter, hemmt die Bewegungsfreude und baut die Motivation ab.

Leitfaden
1. Tanzthema vorbereiten.
2. Tanzecke für das Thema vorbereiten.
3. Einführung in das Thema, von Fall zu Fall in Teilthemen.
4. Vorübungen und Tanzversuche.
5. Ausführung des Tanzthemas mit stufenweiser Steigerung der Schwierigkeiten.

Konzeption entwickelt
von Anneliese
Gaß-Tutt

Tanzgitter

Das Tanzgitter ist ein weiteres Instrument, um die Kinder in der ersten Phase der Bewegungs- und Tanzerziehung in spielerischer Form Wege suchen und finden zu lassen. Ähnlich wie die Tanzwege des „Verkehrsspiels" wird das Tanzgitter innerhalb der Tanzecke auf den Boden geklebt. Es hat eine Breite von 110 cm und einen Stufenabstand von ca. 30 cm.

**Tanz-
möglichkeiten**

Im Folgenden können nur Anregungen gegeben werden. Für einen sinngemäßen Gebrauch des Tanzgitters sind der Phantasie keine Grenzen gesetzt!

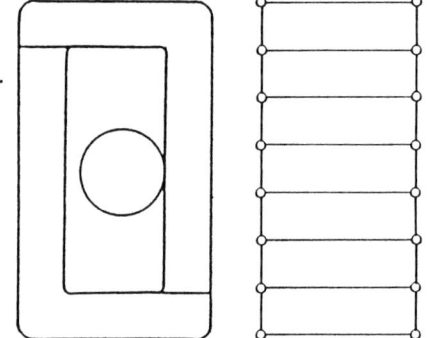

*Möglichkeit 1
Freies Gestalten von
Themen in den
Grundbewegungsarten*

Das Tanzgitter ist ein Angebot für freie Übungen in den Grundbewegungsarten Gehen, Laufen, Hüpfen und Springen. Auch eine thematische Verknüpfung der nebeneinander aufgeklebten Tanzwege (siehe Zeichnung oben) ist möglich. Zum Beispiel: Das Tanzgitter ist Parkplatz zum „Verkehrsspiel".

Einige Beispiele für spielerische Übungen in den Grundbewegungsarten auf dem Tanzgitter:

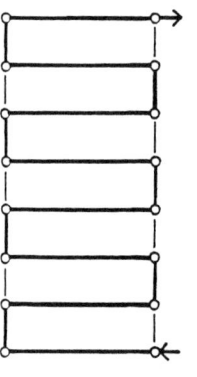

Gehen, Laufen

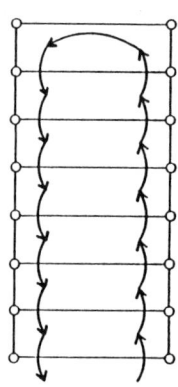

Hüpfen, Springen

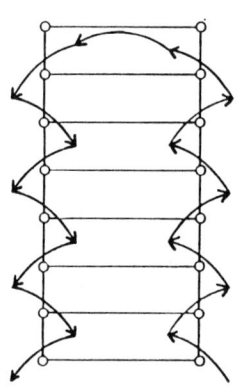

Hüpfen, Springen
im Zick-Zack

Möglichkeit 2   Die Tanztreppe
Das Tanzgitter wird in diesem Bewegungsspiel zur Treppe. Diese
hat sieben Stufen. Außerhalb der ersten Stufe ist der Startplatz
(siehe Zeichnung unten). Die Kindergruppe sollte nicht mehr als 5
bis 6 Kinder umfassen. Sie tanzen jeweils nacheinander.

Durchgang 1: Ausprobieren ohne Musik
Wir bewegen uns
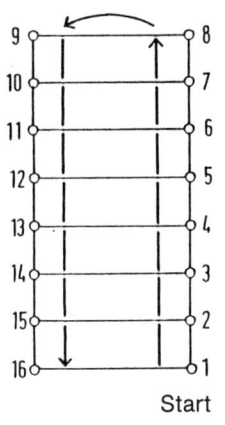
● in freier Wahl der Wege;
● gehen hinauf und hinunter ohne Unterbrechung zwischen den
Stufen 8 und 9;
● steigen, laufen, hüpfen hinauf und hinunter mit fließenden
Übergängen.

Durchgang 2: Hinauf- und Hinuntertanzen mit Musik.
Musik nach Wahl aus den Titeln der Tanzmusik für die Grundbe-
wegungen.
Wir bewegen uns:
● Frei zur   Musik.
● Jedes Kind tanzt allein hinauf und hinunter ohne Unterbre-
chung zwischen Stufe 8 und Stufe 9. Dabei sollte erreicht werden,
daß schließlich alle Kinder mit den 8 bzw. 16 Zählzeiten einer Me-
lodiephase auskommen.
● Steigen, Laufen, Hüpfen hinauf und hinunter in der Gruppe.
Jetzt achten wir auf den richtigen Tanzeinsatz zu Beginn einer Me-
lodiephase. Der Einsatz erfolgt nacheinander.

Bei Verwendung der Tanzmusik „Lustiger Springer" (MC zum
Buch, Seite A, Nr. 3, 6/8-Takt) ist folgender Ablauf für die zuletzt
beschriebene Tanzform möglich:
Einer Melodiephase von 4 Takten (8 Zählzeiten) entsprechen 8
Kinderhüpfschritte.
Das erste Kind beginnt bei Stufe 1 und hat Stufe 9 erreicht, wenn
auf Takt 5 das zweite Kind bei Stufe 1 beginnt.

Einsatz Kind 1

Einsatz Kind 2

Durchgang 3: Hinauf- und Hinuntertanzen mit einem Tanzrequisit
Musik nach Wahl aus der eigenen Tanzmusiksammlung.
Die Tanzthemen können die gleichen sein wie in Durchgang 2, je-
doch halten die Kinder zum Beispiel mit beiden Händen einen
Ball, oder sie tanzen mit einem kleinen Korb auf dem Kopf, den sie
mit einer oder mit zwei Händen halten.

Möglichkeit 3   Spring- und Hüpfhäuschen
Die Grundgestalt des Tanzgitters wird durch Kreidestriche oder
ähnliche Markierungen umgestaltet.
Bei dem uralten Spiel des Hüpfhäuschens springen und hüpfen die
Kinder nacheinander jeweils so lange, bis sie einen Fehler machen.
Als Fehler gelten ein falscher Sprung, ein Sprung auf eine Linie,
ein Patzer im Ablauf. Dann kommt das nächste Kind an die Reihe
und setzt dort fort, wo zuvor der Fehler gemacht wurde.
Begonnen wird ohne musikalische Begleitung, dann kann die Musik als Metrum hinzugenommen werden. Schließlich wird eine einfache Hüpfsequenz von 8 Zählzeiten hin und 8 Zählzeiten zurück
ausprobiert, die passend zur Musik getanzt wird. Bei einem Fehler
beginnt das nächste Kind nicht an der Fehlerstelle, sondern mit
einem neuen Musikeinsatz von vorn.

Musikvorschlag:
MC zu diesem Buch,
Seite A, Nr. 3
„Lustiger Springer"
(6/8-Takt)

Möglichkeit 4
wie Möglichkeit 3, jedoch mit
Einbeziehung des Themas
„Technische Umwelt"
Themen-Vorschlag: Flugzeug
Das Tanzgitter wird zum Flugzeug
ausgestaltet. Es hat drei Abteilungen
und bekommt seitlich zwei Flügel.
Jedes Kind hüpft und springt in seinem
eigenen Tempo. Zumindest in den ersten
Durchgängen sollte jedes Antreiben
durch die anderen Kinder unauffällig
unterbunden werden.
Später kann Musik als Metrum
dazugenommen werden.

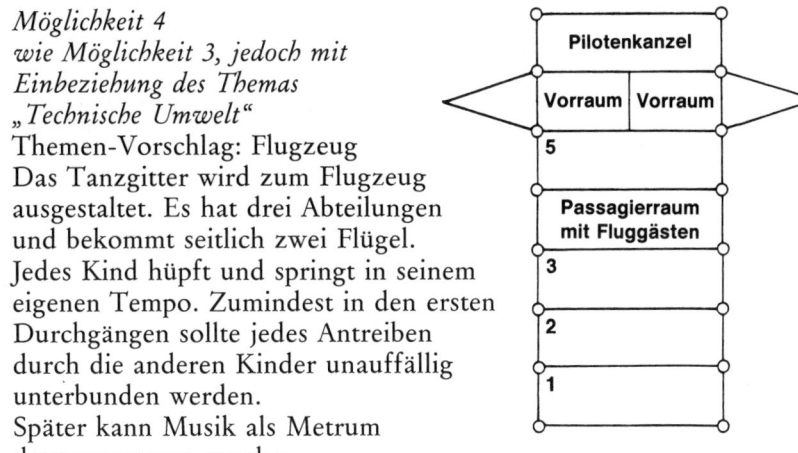

Musikvorschläge:
MC „Ringel-Kringel",
Seite B, Nr. 11
„Roby's Rock"
Seite B, Nr. 13 „Spaßvögel"

Durchgang 1: Grundregel für die Sprungfolge

Weg 1. Durch den Passagierraum hin und zurück:
● In 5 Schlußsprüngen von Feld 1–5, in Feld 5 umdrehen und in 4
Schlußsprüngen zurück.
● Von Feld 1–5 auf einem Bein hüpfen, in Feld 5 hüpfend umdre-
hen und 4 mal von Feld zu Feld zurückhüpfen.
● Wiederholung der vorhergehenden Sprungfolge mit dem ande-
ren Bein.

Weg 2. Durch den Passagierraum bis in den Vorraum und zurück:
● In 5 Schlußsprüngen von Feld 1–5, im Spreizsprung hinein in
den Vorraum, dort mit 1 Spreizsprung umdrehen und in 5 Schlußsprüngen von Feld zu Feld zurück.
● Von Feld 1–5 auf einem Bein hüpfen, im Spreizsprung in den
Vorraum, dort mit 1 Spreizsprung umdrehen und 5mal von Feld
zu Feld zurückhüpfen.
● Wiederholung der vorhergehenden Sprungfolge mit dem anderen Bein.

Weg 3. Bis in die Pilotenkanzel:
● Wie Weg 2, jedoch vom Vorraum mit 1 Schlußsprung in die Pilotenkanzel, dabei in die Hocke springen und in der Hocke frei
nach Wahl umdrehen, dann den Rückweg in der gleichen Schritt-
folge bis zu Feld 1.

Durchgang 2: Ein Passagierplatz ist besetzt.
● Mit einer Karte, vielleicht sogar einer echten Bordkarte, wird

ein Passagierfeld frei nach Wahl besetzt. Dieses Feld muß bei Durchgang 2 übersprungen werden.

Durchgang 3: Auf dem Flug – er dauert lange, und wir haben Zeit.
● Nach der Grundregel von Durchgang 1, nur hüpfen und springen wir sehr langsam.

Durchgang 4: Diesmal ist es ein kurzer Flug – wir sind in Eile.
● Nach der Grundregel von Durchgang 1, nur hüpfen und springen wir sehr flink.

Durchgang 5: Ein Fernflug, viele Passagiere schlafen – wir sind sehr leise.
● Nach der Grundregel von Durchgang 1, aber auch nach mehr oder weniger abgewandelten Regeln, wir hüpfen und springen aber sehr leise.

Methodische Erläuterungen

Die Fülle der Bewegungsmöglichkeiten auf dem Tanzgitter erfordert von der Erzieherin unbedingt eine überlegte Stoffauswahl bei der Vorbereitung und die Beachtung der alten Regel: Weniger ist oft mehr! Ist in der Gruppe ein auffallend großes Geschicklichkeitsgefälle erkennbar, wird man überlegen, wie „unauffällig" zwei Gruppen gebildet werden können, die zu verschiedenen Zeiten auf dem Gitter tanzen.

Vorrangig ist das Tanzen und Spielen, nicht aber das Tanzen und Üben. Das Lernziel ist: Die Geschicklichkeit auf spielerische Weise erwerben und sich in bzw. vor der Gruppe zu behaupten. Deshalb sollte es beim Flugzeug oder anderen ähnlichen Themen keine Sieger geben. Es kommt nur darauf an, die gestellte Aufgabe zu lösen und Spaß dabei zu haben.

Manchmal nehmen es einige Kinder bei diesen Bewegungsspielen mit den Fehlern anderer zu genau. Die Erzieherin muß erkennen, ob diese Kinder auch sich selbst gegenüber so genau sind, oder ob sie sich Vorteile verschaffen und dominieren wollen. Dieses Problem erfordert etwas Fingerspitzengefühl.

Bewegungsaufgaben, wie sie in Möglichkeit 3 und Möglichkeit 4 beschrieben sind, werden von den Kindern vorrangig als räumliche Aufgaben verstanden, die ihre volle Konzentration erfordern. Deshalb sollte sich zu Anfang jedes Kind im eigenen Rhythmus bewegen können, dann kann ein Rhythmusinstrument hinzugenommen werden. Eine Tanzmusik zur Motivation oder als Metrum, d. h. als rhythmusgebendes Element, sollte nicht zu früh einbezogen werden.

Nur nach guter Vorbereitung ist es sinnvoll, eine Tanzform anzu-
streben, wie ich sie im zweiten Teil der Darstellung der Lernmethoden als Evolutive Methode (Seite 14) dargestellt habe, bei der
die räumliche Bewegungsaufgabe mit einer musikalischen Form
eng verbunden ist.
Wie auch bei der *Tanzecke* und der *Tanzkiste* können hier passend
zum Tanzthema alle kindgerechten Lernmethoden angewendet
werden (siehe Methodische Einleitung Seite 9).

Leitfaden
1. Vorbereitung: Stoffliche Auswahl zum vorgesehenen Tanzthema unter Berücksichtigung der geschickten und der unge-
   schickten Kinder.
2. Vorbereitung des Tanzgitters oder Veränderung der vorhandenen Markierungen.
3. Einführung der Kinder in das Tanzgitter.
4. Einführung des Themas und erste Versuche.
5. Spielend tanzen.

Konzeption entwickelt
von Anneliese Gaß-Tutt

Tanzkiste

Mit der Tanzkiste wird folgende Idee verwirklicht:
Schon die Vorbereitung zu den Bewegungsspielen und Tänzen soll
Spaß machen und die Phantasie anregen. Das angestrebte Lernziel und
die Steuerung durch die Erzieherin werden hinter den Überraschungen
der Tanzkiste nicht direkt sichtbar.
Die Tanzkiste kann eingesetzt werden:
* *zum Spaß und Zeitvertreib,*
* *zur Vorbereitung bestimmter Tanzformen,*
* *zur Übung von Bewegungsfertigkeiten,*
* *zur Festigung von Tanzbewegungen,*
* *zur Entwicklung der tänzerischen Kreativität.*

Die Tanzkiste ist eine möglichst würfelförmige Kiste aus Holz
oder einem ähnlich stabilen Material mit einer Kantenlänge von 80
bis 120 cm. Sie hat keinen Deckel, sondern wird ganz umhüllt von
einem Stoffüberzug. Ein Gummizug, durch den man hineingreifen
kann, hält den Überzug oben zusammen.
Die Tanzkiste enthält die verschiedenartigsten Geräte und Materialien, die als Anregungen und Hilfsmittel zu Tanz- und Bewegungsspielen verwendet werden können. Die hier genannte
Auswahl kann vielseitig und beliebig ergänzt werden:

- große und kleine, bunte Tücher,
- kleine und größere Stöcke,
- Schellenstäbe und Stäbe mit bunten Bändern,
- verschiedenlange Hüpfgummis,
- Springseile in verschiedener Länge,
- eine Sammlung verschiedengroßer Becher,
- leichte Schaumstoffbälle mit Schnur o. ä.,
- stabile Bildkarten ca. 15 cm × 15 cm mit der Darstellung von Tanzaufgaben.

Zur Konzeption der Tanzkiste

Die eigentlichen Tanzaufgaben sind auf Bildkarten dargestellt. Die Tanzleiterin kann die Karten selbst zeichnen und bemalen, Darstellungen aus verschiedenen Quellen verwenden oder sich von den Vorschlägen und Illustrationen auf den nächsten Seiten anregen lassen.

Die Darstellungen werden auf stabilem Karton in verschiedenen Grundfarben ausgeführt und eventuell mit transparentem d-c-fix überzogen. So sind sie jahrelang haltbar und vielseitig einsetzbar.

Die Darstellungen können dabei durchaus unterschiedlich im Stil sein. In Serie 1 könnte eine Spaßfigur zu der angestrebten Bewegung hinführen. In Serie 2 können die dargestellten Personen ein Bewegungsrätsel aufgeben. Für Serie 3 wird eine sachliche, aber verständliche Zeichensprache oder die hier dargestellte Form mit Kinderköpfen angewendet. Selbstverständlich kann man die Karten der verschiedenen Serien auch kombinieren.

Jeweils stofflich oder thematisch zusammenpassende Einzelaufgaben werden zu einem Päckchen zusammengefaßt und entsprechend den Lernzielen der Tanzleiterin mit in der Tanzkiste untergebracht.

Am Beginn der Verwendung der Tanzkiste steht das Herausziehen des vorbereiteten Päckchens mit den Tanzkarten. Auch die passenden Geräte und Hilfsmittel stecken mit in der Kiste und kommen nun zum Vorschein. Statt eines Päckchens mit Tanzkarten kann auch einmal ein Sack mit verschiedenen Holz- oder Stofftieren auftauchen, deren Gangarten imitiert werden sollen. Am Anfang steht also ein „Überraschungsspiel", das die Einleitung für die folgenden Bewegungs- und Tanzspiele bildet.

Tanzmöglichkeiten

Musik:
Sie wird je nach Thema aus Tonträgern für Kindertanzmusik oder andere Tanzmusik ausgewählt.

Beispiele:

Serie 1: Allerlei Bewegungen
Zu den Grundbewegungen Gehen, Laufen, Hüpfen und Springen
können hinzugenommen werden: Schleichen, Tapsen, Kriechen,
Schlendern, In-der-Hocke-Gehen, Hüpfen-auf-einem-Bein, Auf-
Zehenspitzen-Gehen, Auf-den-Fersen-Gehen, Stampfend-Ge-
hen, u. a.

Beispiele für Tanzaufgaben der Serie 1:

Serie 2: Bewegungen bestimmter Personen
Wie ein Clown, wie ein Riese, wie ein Zwerg, wie eine Tänzerin,
wie ein Mannequin, wie ein Wanderer, wie ein müdes Kind, wie
ein König oder eine Königin, wie ein Hampelmann u. a.

Beispiele für Tanzaufgaben der Serie 2:

Serie 3: Bewegungen in verschiedenen Aufstellungen
Hier ist die Grundaufstellung vorrangig, nicht die Zahl der dargestellten Kinder.
Durch Zuruf werden aus der Aufstellung heraus einzelne Tanzbewegungen und bereits bekannte Tanzschritte ausgeführt. Es kann auch ein bereits bekannter einfacher Tanz oder ein Tanzteil wiederholt werden.

Beispiele für Tanzaufgaben der Serie 3:

 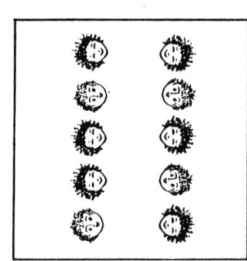 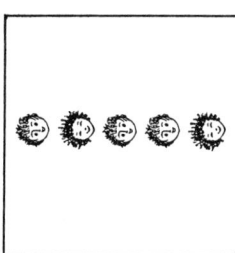 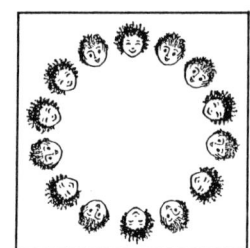

Methodische Erläuterungen

Das Thema „Tanzkiste" fordert die Phantasie der Tanzleiterin heraus, sowohl im Hinblick auf die thematischen Inhalte als auch auf die Methodik.
Die Tanz- und Bewegungsideen werden im Laufe der Zeit zusammengetragen und in Bewegungsaufgaben und Tanzanreize umgesetzt. Für die Kinder ist das Bild auf der Karte zunächst eine Überraschung! Dann folgt der Impuls, zu erzählen und zu zeigen, daß sie das Bild verstanden haben. Mehr oder weniger zögernd versuchen sie eine Umsetzung der Aufgabe in Bewegung. Vor allem zu Anfang sollte dabei nur behutsam eingegriffen und zurückhaltend gestützt werden. Selbstverständlich müssen die gestellten Aufgaben auf die Kenntnisse und Fähigkeiten der Kinder abgestimmt sein. Das Gelingen gibt ihnen Freude und Selbstbestätigung. Und: Anerkennung und Lob sollten nie vergessen werden!

In der Vorbereitung klärt die Erzieherin
● das Thema, grenzt das Tanzziel ab und wählt die Tanzmusik aus.
● Die Bildkarten werden gefertigt und zusammengestellt. Die Zahl der Karten stimmt mit der der Kinder überein.
● Wo wird getanzt: Im Freien oder im Raum? In der Tanzecke mit dem dort bereits vorhandenen Tanzgitter oder werden neue Markierungen für Tanzwege gebraucht?

● Wie werden die Tanzaufgaben verteilt? Näheres hierzu ist beim Stichwort Gruppenbildung ausgeführt.

● Gibt es für das Tanzen aus der Kiste einen besonderen Anlaß? Paßt das Thema ins Wochenprogramm, oder haben einige Kinder eine besondere Aufmunterung, Anerkennung oder ein Lob verdient? Ist eventuell ein Geburtstag?

Für das Ziehen der Karten gibt es verschiedene Möglichkeiten:

● Jedes Kind zieht eine Karte und tanzt. Dies ist nur möglich, wenn es sich um ganz einfache Tanzaufgaben handelt und die Musik für alle die gleiche sein kann.

● Kind um Kind zieht in einer von der Erzieherin oder einem Kind festgelegten Reihenfolge eine Karte und gibt sie dann wieder an die Erzieherin zurück, die so die Aufgabe erkennen kann. Dann tanzt jedes Kind einzeln die dargestellte Aufgabe.

● Ein Kind kann auch für sich und seinen Partner, für die ganze Gruppe oder für eine Teilgruppe eine Karte ziehen.

Die gezielte *Gruppenbildung* kann nach verschiedenen Gesichtspunkten und mit unterschiedlichen Methoden erfolgen:

● Die Erzieherin teilt ein zum Beispiel nach Alter, Fähigkeit, Freundschaften, Veranlagungen – im letztgenannten Fall mit dem Gesichtspunkt, daß die Kinder in der Gruppe die gestellte Aufgabe ungefähr gleichwertig lösen können.

● Die Kinder ordnen sich selbst bestimmten Bewegungsaufgaben zu. Einige Kinder ziehen Bildkarten, die sie hochhalten, und die übrigen wählen sich danach ihre Gruppe.

- Ein Geburtstagskind o. ä. teilt die übrigen Kinder in mehrere Gruppen ein und wählt die Karten aus. Möglich ist auch, daß ein Kind mit verbundenen Augen die Einteilung vornimmt.
- Bestimmte Gemeinsamkeiten werden zum Anlaß für die Aufteilung genommen, die Farbe der Kleidung oder die Form der Schuhe. Wer hat braune, blaue, grüne Augen u. a.?
- Auch andere Merkmale verschiedener Art können zur Unterscheidung und als Grundlage für die Gruppenbildung herangezogen werden.

Dabei entstehen oft verschieden große Gruppen, deren Zusammensetzung ein weiteres Überraschungsmoment für die Beteiligten darstellt.

Leitfaden
1. Vorbereiten des Tanzthemas.
2. Gruppenbildung.
3. Stellen der Tanzaufgaben mit Bildkarten.
4. Kurze Erklärung, evtl. Musikprobe.
5. Ausführen der Tanzaufgabe.

Konzeption entwickelt
von Anneliese Gaß-Tutt

Polster-Tänze

Schon die Zweijährigen hopsen bei entsprechend motivierender Musik mit Begeisterung auf Matratzen und Polstern. Diese Erfahrung regte mich dazu an, Polster, Kissen und Matten auf verschiedene Weise in das Tanzen mit Drei- bis Vierjährigen im Kindergarten einzubeziehen.

Zum Tanzthema
Die ersten Raumerfahrungen machen kleine Kinder Tag für Tag mit jeder unbewußt erlebten oder bewußt werdenden Erweiterung ihres Bewegungsspielraumes. Mit den Polster-Tänzen wird ihnen eine neue, die tänzerische Raumerfahrung eröffnet und bewußt gemacht.
Es ist im Rahmen dieses Buches nicht möglich, die oft diskutierte Streitfrage zu beantworten: „Wann beginnt Tanz?" Ein wesentliches Element des Tanzes ist jedenfalls, sich vom Rhythmus und von der Musik zur Bewegung führen zu lassen.

Die zum so definierten Lernziel führenden Schritte sind *sehr* klein. Für den Erwachsenen sind sie so selbstverständlich, daß er sie sich bewußt machen muß. In diesem Sinne sind die hier dargestellten Spiel-Tänze als Beispiele für die ganz Kleinen im Kindergarten zu verstehen.

Im Thema 1 sind die Bewegungsübungen ganz einfach, sie bekommen aber Spannung und machen Spaß durch den starken Wechsel zwischen Ruhe und intensiver Bewegung. Einfach bedeutet aber nicht leicht, denn die Kinder sollen auf vielseitige Weise re-agieren. Dieses Re-agieren setzt voraus, daß die Kinder einen Wechsel im bewegungsbegleitenden Rhythmus hören und umsetzen können. Nicht bei allen Kindern dieser Altersstufe ist diese Fähigkeit schon ausreichend entwickelt. Das muß die Erzieherin berücksichtigen, und sie darf sich nicht entmutigen lassen.

Im Thema 2 werden durch die Anordnung der Polster in klar erkennbaren Großformen die Tanzwege in gewissem Maß vorgegeben. Die Großformen, wie die „Polster-Blume", sind eine wichtige Stütze für die Kinder.

Im Thema 3 wird mit den Tanzwegen durch die Zwischenräume zwischen den Polstern die differenzierteste Bewegungsaufgabe gestellt. Dabei sollten individuelle Lösungen einzelner Kinder beachtet und eventuell bei neuen Durchgängen für alle übernommen werden. Es ist nicht zu vergessen, daß für manche Kinder der ständige Wechsel des Raum- und Gruppenbildes eine erhöhte Schwierigkeit darstellt, die zu der Hör- und der Bewegungsaufgabe hinzukommt.

Die für die Polster-Tänze vorgeschlagenen Kissen aus Schaumstoff (ca. 40 × 40 × 8 cm) sind ein sehr vielseitiges Spielmaterial, sei es als Spielzeug, Markierung oder Ruheplatz. Das rechtfertigt die etwas aufwendige Herstellung. Sie können auch bei anderen Tanz-Vorschlägen dieses Buches Verwendung finden. Bei „Zauberkind Wullewusch" sind sie Sitzpolster, in der „Wasserschaukel" Bootssitze, bei der „Tankstelle" Parkplatzmarkierungen u. a. Die Kissenbezüge sollten aus strapazierfähigem, leicht waschbarem Stoff bestehen und einen Reißverschluß haben. Eine Seite hat bei allen Kissen eine einheitliche Farbe, die andere Seite ist in den Grundfarben rot, gelb, grün und blau gehalten. Für jedes Kind der Kindergartengruppe sollte ein solches Kissen zur Verfügung stehen.

Tanz-
möglichkeiten
Jedes Kind hat ein 40 × 40 cm großes Polster aus Schaumstoff. Zum Tanzen wird eine passende Musik in geradem oder ungeradem Takt ausgewählt oder geeignete Rhythmusinstrumente verwendet.

Thema 1: Auf dem Polster
für 3–4, höchsten 5 kleine Kinder

Spiel-Tanz 1
Aufstellung: Jedes Kind sitzt im Schneidersitz auf seinem Kissen. Die Kissen sind frei im Raum verteilt und haben genügend Abstand voneinander.

Teil A. Schlafen
Die Kinder haben die Arme verschränkt und den Kopf zum Schlafen draufgelegt.

Teil B. Hopsen
Die Kinder wachen auf und hopsen im Sitzen, dann von vorn.

Sie können als Gruppe hopsen,
einzeln hopsen, (dann schlafen die anderen weiter), in Gruppen zu zweit hopsen. Die Erzieherin gibt den Wechsel der Teile durch Zuruf oder durch ein Klangzeichen mit einem Instrument an.

Variationen zum Teil B:
- Jedes Kind kniet auf seinem Kissen und dreht das Kissen und sich selbst mit seinen beiden Händen.
- Jedes Kind sitzt auf seinem Kissen und wiegt sich hin und her nach einer Musik in ungeradem Takt.
- Jedes Kind sitzt auf seinem Kissen und wiegt seine Puppe oder seinen Bären.

Spiel-Tanz 2
Aufstellung: Jedes Kind sitzt im Schneidersitz auf seinem Polster. Diese sind rund um eine größere Matte verteilt. Neben jedem Kissen kann als Orientierungshilfe das Lieblings-Spieltier o. ä. sitzen.

Teil A. Warten
Die Kinder sitzen abwartend auf ihren Polstern und hören auf die Musik.

Teil B. Hopsen auf der großen Matte
Die Kinder stehen auf und laufen auf die große Matte.

Die Erzieherin gibt das Ende von Teil B an. Dann laufen alle zu ihren durch die Spieltiere kenntlichen Polstern zurück, und es be-

ginnt von vorn. Die verschiedenen Gruppierungs- und Variationsmöglichkeiten wie bei Spiel-Tanz 1.

Spiel-Tanz 3
Aufstellung: In der Mitte des
Raumes liegt die große Matte. Die
Kinder stehen frei im Raum verteilt.

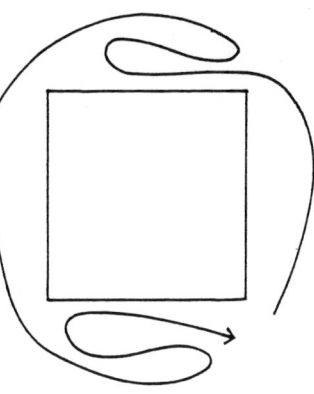

Teil A. Die Kinder gehen zuerst im
Kreis, beim zweiten Durchgang als
Schlange, dann auf freien Wegen
einzeln um die Matte herum.

Teil B. Hopsen auf der Matte in
freier Wahl.

Die Erzieherin gibt das Zeichen für
den Wiederbeginn von Teil A.

Thema 2: Um Polster, Kissen und Matten herum
Für Gruppen von ungefähr 5 kleinen Kindern.
Mit Polstern, Kissen und Matten werden Wege vorgegeben und
markiert, auf denen die Kindergruppe entlang tanzt. Die Wahl der
Grundbewegungen wird je nach der Situation variiert.
An Stelle von Kindertanzmusik kann die Begleitung auch sehr gut
durch ein passend ausgewähltes Schlaginstrument erfolgen. Teil A
wird mit einem herzhaften, lauten Schlag, Teil B durch einen wei-
chen, leisen Schlag begleitet.

Spiel-Tanz 4
Polsterblume
Die Kissen werden in einer
Blütenform angeordnet.

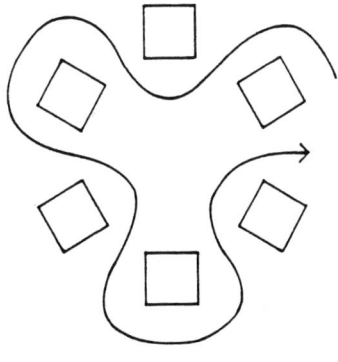

Teil A. Die Kinder tanzen mit
Abstand hintereinander zwischen
den Kissen hindurch, ohne die
Richtung zu ändern.

Teil B. Ausruhen
Die Kinder ruhen sich auf ihren
Polstern aus und wollen dabei die
Blüte nicht zerstören.

Wiederholung
Bei der zweiten Wiederholung wird
ein Richtungswechsel eingeführt.

Spiel-Tanz 5
Kissenschlange (aus ein Seil)

Die Kissen sind in Schlangenform im Raum verteilt.

Teil A. Die Kinder tanzen mit Abstand hintereinander an der Kissenschlange entlang durch den Raum.

Teil B. Die Kinder hüpfen auf frei gewählten Wegen zu ihren Plätzen zurück. Auf ein Zeichen setzen sie sich auf die Kissen und ruhen sich aus.

Wiederholung mit Richtungswechsel

Spiel-Tanz 6
Matten-Bett

Teil A. Die Kinder tanzen im Kinderhüpfschritt in einer Richtung um die Matte herum.

Teil B. Die Kinder hüpfen nach freier Wahl auf der Matte und ruhen sich auf ein Zeichen hin auf der Matte aus.

Wiederholung
Bei der zweiten Wiederholung wird ein Richtungswechsel eingeführt.

Thema 3:
Zwischen Polstern, Kissen und Matten

Alle Kinder starten hintereinander von einem gemeinsamen Ausgangspunkt aus und kehren dorthin zurück, wenn die Musik leiser wird und ganz verklingt.
Je nach Situation wird eine schnellere oder langsamere Kindertanzmusik in geradem Takt ausgesucht. Durch ein zusätzliches Rhythmusinstrument kann der angestrebte Bewegungsablauf unterstützt werden.

Spiel-Tanz 7
Wegsuchen

Viele Polster liegen unregelmäßig im Raum verteilt; alle tanzen ihren frei gewählten Weg zwischen den Polstern hindurch.

Spiel-Tanz 8
Schlängeln
6 Kissen liegen in gleichmäßigem Abstand in einer Reihe. Die Kinder tanzen in einer Richtung in Schlangenlinie zwischen den Kissen hindurch, dann im kleinen Halbkreis wieder zum Beginn der Schlangenlinie und von vorn.

Spiel-Tanz 9
Wegekreuzung

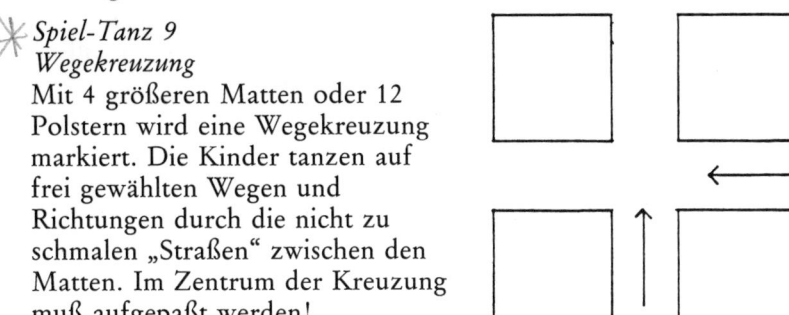

Mit 4 größeren Matten oder 12 Polstern wird eine Wegekreuzung markiert. Die Kinder tanzen auf frei gewählten Wegen und Richtungen durch die nicht zu schmalen „Straßen" zwischen den Matten. Im Zentrum der Kreuzung muß aufgepaßt werden!

Methodische Erläuterungen

Alle diese spielerischen Tanzformen brauchen keine große Einführung durch Bilder oder vorbereitende Geschichten. Wichtig für das Gelingen ist ein harmonisches Vertrauensverhältnis zwischen Kindern und Erzieherin und eine fröhliche, spannungsfreie Grundstimmung.
Für manche Kindergruppe kann es sich als notwendig erweisen, eine besonders intensive rhythmische Führung zu geben. Dann sollte unbedingt von einer Musikbegleitung zu einem Rhythmusinstrument gewechselt werden, mit dem klar und einprägsam der Grundrhythmus gespielt werden kann.
Die Schrittgröße, die Bewegungsgeschwindigkeit und vor allem die Selbstsicherheit ist bei Kindern im Alter von 3 bis 4 Jahren sehr unterschiedlich. Das erfordert bei der Einführung der Polster-Tänze besondere individuelle Beobachtung und flexible Reaktionen der Tanzleiterin.
Auch die Orientierung im sich schnell verändernden Tanzraum kann für einzelne Kinder schwierig sein. Deshalb möchte ich in diesem Zusammenhang nochmals auf die weiter vorn gemachten Vorschläge hinweisen: Verschiedene Grundfarben für eine Seite der Sitzpolster, das Lieblings-Spieltier oder die Puppe, die beim Kissen sitzen und die Orientierung erleichtern.
Die beschriebenen Polster-Tänze gehören zu den einfachsten Tanzformen für kleine Kinder. Doch nicht mit diesen Tänzen, sondern mit einfachen Kreisreigen (siehe die ersten 3 Titel des Li-

teratur-Verzeichnisses, Seite 142) sollte das Tanzen im Kindergarten beginnen. Die Einbindung in den Kreis macht die ersten Bewegungsversuche in der Gruppe und die ersten Tanzschritte leichter.

Leitfaden

1. Vorbereitung: Wählen des Themas und der Musik bzw. des Rhythmus. Eingrenzen des Themas
   Gliederung für die thematische Durchführung.
2. Vorbereitung des Raumes mit Polstern und Matten, eventuell mit den Kindern gemeinsam.
3. Tanzen.
4. Tanzpause auf den Polstern mit Erzählen einer Geschichte, mit einem Bilderbuch, mit dem Singen eines bereits bekannten Liedes.
5. Wiederholen der Spiel-Tänze.

Tanzkonzeption:
Anneliese Gaß-Tutt

Krabbel-Käfer

Kleine Käfer-Geschichten bilden den Rahmen für dieses frei auszugestaltende Tanzspiel. Das übergreifende Bewegungsthema ist: Gehen auf allen Vieren. Doch die Identifizierung der Kinder mit den kleinen und großen Krabbel-Käfern in Wald und Feld macht die Bewegungsaufgaben zu lustigen Erfahrungs- und Übungsspielen. Hierzu wird kein ausgearbeiteter Tanzablauf vorgegeben. Das Ziel ist, die Impulse der einleitenden kleinen Geschichte unmittelbar in das Erfinden und Ausprobieren individueller und phantasievoller Tanzbewegungen umzusetzen.

**Tanzelemente
und Tanzmotive**

Das Hauptthema ist:
Gehen auf allen Vieren
Ich nenne hier verschiedene Motive,
die aber vielfältig ausgebaut
und abgewandelt werden können:
● Junge Käfer, die gerade aus der
Puppe geschlüpft sind,
bewegen sich sehr vorsichtig
im engen Umkreis ihres Nestes.
Dort gibt es keine Hindernisse.
Die Tanzfläche ist frei und ungegliedert, Krabbelbewegungen werden frei im Raum gemacht.

● Im Wald und auf der Wiese stehen Bäume, liegen Stöcke und Steine, fließt ein Bach.
Im Raum werden verschiedenartige Hindernisse verteilt, die Krabbelwege führen drumherum oder auch darüber hinweg.
● Wenn die Käfer etwas größer geworden sind, gehen sie auf Entdeckungsreisen. Ein Gewitter zieht auf, und es blitzt und donnert. Große Tiere oder Menschen laufen über die Wiese. Aber immer gibt es eine Unterschlupfmöglichkeit.
● Nach einer langen Wanderung sind die Krabbel-Käfer müde und müssen sich ausruhen.

So können unterschiedliche Motive und kleine Geschichten zu Impulsen für vielfältige rhythmische Bewegungen werden.
Die Krabbel-Käfer verhalten sich in den verschiedenen Situationen sehr unterschiedlich.

Sie krabbeln:
● normal, hochbeinig, flach, breit oder auch schmal,
● langsam, zügig oder schnell,
● sie beginnen langsam und werden schneller,
● sie laufen los und stoppen,
● wenn ein Feind in der Nähe ist, sind sie ganz still

Musik-vorschläge Die Musik-Cassette zu diesem Buch enthält verschiedene Universalmusiken, die hier verwendet werden können. Ergänzend werden noch einige Tonträger genannt, die ebenfalls mehrere geeignete Musikstücke enthalten.

Für die verschiedenen Krabbel-Tempi wird vorgeschlagen:

Gemächliches Gehen
MC Seite A, Nr. 1, „Schwäbischer Spaziergang" (2/4-Takt)
MC Ringel-Kringel Seite A, Nr. 1, „Gemütlich schwäbisch" (2/4-Takt)

Zügiges Gehen
MC Seite A, Nr. 6, „Tanzgarten" (2/4-Takt)
MC Seite B, Nr. 11 „Mach mit!" (4/4-Takt)
LP FF 3060 Seite A, Nr. 1, „Party-Bummel"

Laufen
MC Seite A, Nr. 2, „Der stolze Hahn" (2/4-Takt)
MC Ringel-Kringel Seite B, Nr. 10, „Tempo! Tempo!" (4/4-Takt)
LP FF 3060, Seite A, Nr. 2, „Spring-ins-Feld"

Gehen und laufen im Wechsel
MC Ringel-Kringel, Seite A, Nr. 7 „Ulaner und Trideride"
(2/4-Takt)

Gehen, beschleunigen, stoppen
MC Ringel-Kringel, Seite B, Nr. 15, „Stop-Tanz" (2/4-Takt)

Gehen, beschleunigen, langsamer werden
MC zu diesem Buch, Seite B, Nr. 10, „Krabbel-Käfer" (4/4-Takt)
MC Ringel-Kringel, Seite B, Nr. 14, „Kettenkarussell" (4/4-Takt)

Methodische Erläuterungen

Ausgangspunkt für das Tanzthema ist, daß die Kinder einige Käfer kennenlernen und beobachten konnten.

Eine kleine Käfer-Geschichte gibt dann die Bewegungsimpulse. Je natürlicher und unkomplizierter sie an die Kinder herangetragen werden, desto leichter werden sie angenommen. Vermenschlichung und Verniedlichung sind falsch und lenken ab.

Phantasie und Vorstellungskraft sind bei Klein- und Vorschulkindern unterschiedlich entwickelt. Die individuelle Veranlagung, der Entwicklungsstand und die Situation im Elternhaus fördern und unterstützen die Kinder, oder sie hindern und blockieren. Während manche Kinder leicht neue Bewegungen finden und erfinden, entdecken andere an sich „nur" die Fähigkeit, solche Bewegungen mitzumachen. Auch das Mitmachen ist eine Förderung für diese Kinder. Das gilt hier wie allgemein bei Tanzaufgaben, die kreative Fähigkeiten entwickeln sollen.

Gerade bei diesem Tanz kann die Erzieherin an der Art, wie Kinder Tanzbewegungen entdecken und ausführen, die Kinder auf andere Weise als sonst kennenlernen.

Die Dynamik dieser getanzten Käfer-Geschichten verläuft wie in einem guten Theaterstück: Von der informativen, motivierenden Einleitung führt die Geschichte zu ereignisreichen, freien Bewegungsformen und sollte mit einem lustigen Einfall oder einer spannungslösenden Situation enden.

Als möglichen Ablauf einer praktischen Durchführung möchte ich
hier vorschlagen:
● Zu Beginn sitzen alle Kinder im großen Kreis auf dem Boden.
Der Kreis ist die beste Ausgangssituation zum Zuhören und Entwickeln einer neuen Tanzidee, denn innerhalb des Kreises lassen
sich einzelne Bewegungen ausprobieren und gleichzeitig gut beobachten. Das sollte hier wie auch allgemein bei der Tanzerziehung
beachtet werden. Nach der Einleitung und den notwendigen kurzen Bewegungserläuterungen läßt sich der Kreis schnell auflösen,
und der Platz ist frei für alle zum Mitmachen. Die weitere Entwicklung des Tanzthemas kann nach der *Kooperativen Methode* erfolgen, wie sie in der *methodischen Einleitung* (Seite 14) beschrieben ist.

Die Tanzidee bietet viele Möglichkeiten mit den unterschiedlich-
sten Schwierigkeiten an. Dies darf nicht zur Überforderung der
Kinder führen. Je nach Alter und Fähigkeiten der Kinder, aber
auch nach der Raumsituation und der Gruppengröße sollten nur
ein bis zwei Themen auf einmal gestellt werden. Weniger ist oft
mehr!

Das Tanzen zur Musik sollte durch kurze Bewegungsspiele zu
rhythmischer Begleitung vorbereitet werden:

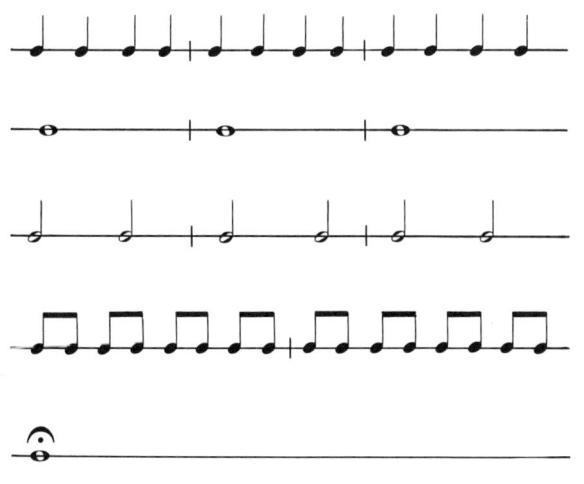

Mit Klanghölzern wird ein kleiner,
flinker Käfer charakterisiert.

Ein dicker langsamer Käfer bewegt
sich zum Klang einer großen
Triangel oder eines Beckens.

Ein Käfer krabbelt gemütlich im
Sonnenschein, und eine Trommel
gibt den Rhythmus an.

Rassel oder Schellenkranz
markieren die Flucht in einen
Unterschlupf.

Die Erzieherin singt ausdauernd
und hörbar einen Ton, der Käfer
macht eine Ruhepause.

Das Krabbeln ist anstrengend, und Pausen sollten immer einge-
streut werden, möglichst eingebaut in den Verlauf der getanzten
Geschichte. Der Krabbelgang und die darauffolgende Ruhepause

– die Kinder ziehen die „Füße" ein und knien zusammengekauert –
sind ein notwendiger Wechsel von Anspannung und Entspannung.
Erwachsene sollten sich darüber klar sein, daß kleinen Kindern das
Gehen auf allen Vieren leichter fällt, als ihnen selbst.
An dieser Stelle möchte ich noch zwei Ausweitungsmöglichkeiten
des Krabbel-Themas darstellen:
Die Erzieherin hat den Raum mit verschiedenen Hindernissen, wie
Reifen zum Durchschlüpfen, Gummischnüren zum Hindurchkrie-
chen, Tüchern u. ä. zum Verstecken vorbereitet. Jedes Kind ist ein
Käfer, der für sich allein auf Nahrungssuche geht. Die Weiterführung des Themas kann nach der *Kreativen Methode* erfolgen, wie
sie in der *methodischen Einleitung* (Seite 13) dargestellt ist.
   Eine andere Möglichkeit ist, den Tanzraum zusammen mit allen
Kindern vorzubereiten. Es werden verschiedene Hindernisse
aufgebaut, Orffsche Instrumente für Regen, Blitz und Donner
werden vorbereitet. Die Weiterentwicklung des Tanzthemas
könnte nach der *Evolutiven Methode* erfolgen, wie sie in der *methodischen Einleitung* (Seite 14) dargestellt ist.

Leitfaden   ● *Vorbereitung:*
Die ausgewählten Tanzbewegungen werden mit einer passenden
Einführungsgeschichte verknüpft. Die vorgesehenen Rhythmikin-
strumente und Tonträger werden bereitgelegt. Die Grundelemente
der Krabbel-Bewegungen werden im großen Kreis ausprobiert.

● *Durchführung:*
Die vorbereitete Geschichte steht als Einführung am Anfang oder
begleitet die Durchführung des Tanzspiels in Abschnitten. Je nach
der gewählten Methode greift die Erzieherin behutsam lenkend in
den Ablauf ein.

● *Nachbereitung:*
Die Erzieherin macht sich klar und notiert: Welche Bewegungen
wurden getanzt? Was waren die Lieblingsthemen? Gab es besondere Schwierigkeiten? Welche Weiterführung des Themas bietet
sich an?

Tanzkonzeption:
Anneliese Gaß-Tutt

Mein schwarzer Zwilling

*Unsere Schatten gehören zu uns. Wenn wir tanzen, tanzen sie mit –
Kinder beobachten das immer wieder fasziniert. Sie verstehen sofort,
daß dies ihr „schwarzer Zwilling" ist und genießen das Gefühl, daß ihr
Schatten widerspruchslos alles mitmacht. Spontan setzen sie diese Beobachtung in Bewegungen um und freuen sich an ihrem Schattenspiel.
Mit einigen einfachen Hilfsmitteln und wenigen Anstößen von außen
entwickeln sie Spieleinfälle, die die tänzerische Kreativität wecken
und fördern.*

Tanzidee   Licht macht Schatten. Am Beginn dieses Tanzthemas sollten Kindern einige Beobachtungen vermittelt werden:

- Ich habe einen Schatten.
- Mein Schatten macht, was *ich* will.
- Mein Schatten tanzt mit mir.
- Er ist „mein schwarzer Zwilling".

Die ersten Bewegungs- und Tanzversuche sollten möglichst spontan sein und nicht eingeengt werden. Ich empfehle deshalb, am Anfang die Musik noch wegzulassen.

Musik:
Je nach Thema und Situation sind alle Arten von Musik geeignet,
die Bewegungsimpulse geben, ein flotter Charleston wie ein ausge-
lassener Boogie oder eine schwingende Melodie im 3/4-Takt. Die
eigene Tanzmusiksammlung, aber auch die Musik-Cassette zu
diesem Buch (Seite B, Nr. 9 „Happy Charleston") enthalten vielfältig geeignete Melodien.

Schritte:
Frei nach Wahl und passend zum Rhythmus der Musik Kinderhüpfschritt, Gehschritt, Laufschritt, Twist und: Zappeln, Trampeln, Schütteln, Strecken, Wiegen, Biegen sowie viele andere
phantasievolle Bewegungen des ganzen Körpers.

Aufstellungen: Mit Position der Lichtquelle.

Aufstellung 1
Einzeln, frei im Raum verteilt,
die Kinder tanzen am Platz
oder im kleinen Umkreis.

Aufstellung 2
In der Reihe, ohne Fassung,
die Kinder tanzen am Platz
oder vorwärts und rückwärts.

Aufstellung 3
In der Linie, ohne Fassung,
die Kinder tanzen am Platz
oder vorwärts, rückwärts
und seitwärts.

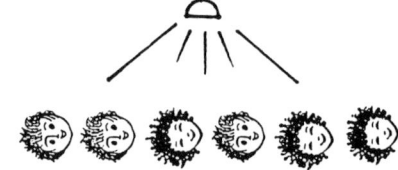

Aufstellung 4
In einer kurzen Linie, ohne Fassung,
am Platz, die Kinder bilden
gemeinsam einen tanzenden Schatten.

Aufstellung 5
In der Linie, mit und ohne Fassung,
in der Fortbewegung.

Lichtquellen und Schattenwurf:
Natürlich können Schattentänze auch im Freien bei hellem Sonnenschein gemacht werden, doch vielfältigere Möglichkeiten ergeben sich beim Einsatz einer geeigneten künstlichen Lichtquelle in
einem abgedunkelten Raum. Es muß eine kräftige Leuchte sein,
am besten ein Strahler von 100 bis 150 Watt. Eine stabile Klemm-

fassung sollte eine sichere Befestigung in verschiedenen Positionen ermöglichen.

Eine hochliegende Position ergibt Schattenprojektionen auf den Fußboden, eine Position in ca. 1 m Höhe ist für die Projektion auf eine freie, helle Wand gut geeignet, und eine tiefliegende Position ergibt Schattenwürfe, die den ganzen Raum mit bizarren Bewegungen ausfüllen.

Eine Sonderform ist die Projektion von Schattentänzen auf ein gespanntes Leintuch für davorsitzende Zuschauer.

Methodische Erläuterungen

Die Beobachtungen von Licht und Schatten, die den Kindern als Einführung in das Thema Schattentänze nahegebracht werden sollten, können als kleine Bewegungsaufgaben ausgebaut werden.

● Es ist Sommer, die Kinder hüpfen auf der Terrasse des Kindergartens herum. Die Sonne steht hoch, und die Kinder sind kurz und breit. Am späten Nachmittag vor dem Heimgehen versuchen wir das gleiche nochmals – die Schatten sind lang und schmal.

● Auch in der Nacht gibt es Schatten. Das können wir gemeinsam beim Laternenumzug beobachten.

● Den Schatten eines ruhenden Gegenstandes betrachten und von allen untersuchen lassen.

● Die Handpuppe Kasper bewegt sich, so auch ihr Schatten auf der Wand. Kasper und sein Schatten machen das, was sie zuvor ankündigen. Kasper und sein Schatten machen, was ihnen einzelne Kinder zurufen.

● Mein Schatten – jedes Kind beobachtet nur sich und seinen Schatten, stehend und in Bewegung. Nacheinander berichten alle über ihre Beobachtungen und machen sich dabei bewußt, was sie sehen. Die wichtigste Erkenntnis: Mein schwarzer Zwilling! Wenn ich tanze, tanzt mein Schatten mit. Ich kann mit meinem Schatten tanzen!

● Der Gruppenraum ist abgedunkelt, auf dem Tisch steht eine Kerze. Wir machen mit unseren Händen lustige Schattenspiele auf den Wänden. Dabei läßt sich die Erfahrung vermitteln, daß mehrere Kinder gemeinsam ein tanzendes Schattenbild erzeugen können.

● Unsere Schatten – ein Gruppenerlebnis. Der Tanzraum wird vorbereitet, und die ersten Bewegungs- und Tanzversuche in den verschiedenen Aufstellungen, wie sie weiter vorn dargestellt sind, können beginnen.

So kann der Zusammenhang „Ich und mein Schatten" von allen gut verstanden werden, denn das Tanzthema „Mein schwarzer

Zwilling" soll nicht nur zu zufälligen Schattenspielen führen, sondern kann auch zum Erproben gezielter Effekte ausgebaut werden.

Jedes Kind ist zuerst einmal Hauptperson und Mittelpunkt für sich. Das aktiviert die Spielfreude in besonderem Maß. Die Aufmerksamkeit ist teilweise so auf sich selbst gerichtet, daß die Leistung der übrigen Kinder gar nicht aufgenommen wird. Voraussetzung für ein solches freies, intensives und selbstvergessenes Tanzen ist: Die Kindergruppe darf nicht zu groß sein, alle müssen ausreichend Platz für sich und ihren Schatten haben, um ungestört ausprobieren zu können.

Ein schwingendes Tuch, ein flatterndes Band, ein bunter Ball, ein mittanzender Feststock oder andere schöne Geräte unterstreichen die Körperbewegungen und beeinflussen sie. Es entsteht immer wieder ein neuer Tanz.

Musik sollte nicht zu früh eingesetzt werden, um die individuelle Bewegungsphantasie nicht durch einen von außen kommenden Rhythmus einzuengen, doch der richtig dosierte Einsatz von verschiedenartiger Musik kann bereichernd wirken. Zu einer schwingenden Musik im 3/4-Takt tanzen alle Kinder anders, als zu dem später folgenden Rock 'n' Roll.

Leitfaden

1. Einführung
- Schattenbeobachtungen in den verschiedensten Situationen draußen und drinnen

2. Erste Versuche
- Schattenspiele mit dem eigenen Körper, ohne Musikbegleitung.
- Freies Tanzen mit dem „schwarzen Zwilling" zu unterschiedlichster Musik.

3. Schattentänze
- Schattentänze in der Gruppe, in freier Aufstellung mit Musik.
- Schattentänze in der Gruppe, in vorgegebener Aufstellung mit Musik.
- Mehrere Kinder lassen ihren Schatten gemeinsam tanzen.

4. Tanzende Schatten auf der Leinwand
- Vorführung von Schattenspielen auf einer Leinwand.

Die gewählten Themen sollten an verschiedenen Tagen getanzt werden.

Tanzkonzeption:
Anneliese Gaß-Tutt

Pole Bombo

Kinder haben ein besonderes Verhältnis zu mechanischem Spielzeug, das sich bewegen kann. Diese Dinge scheinen zu leben. Es kann sich eine persönliche Beziehung herausbilden, und doch ist klar, daß es nur ein künstliches Leben ist.
Früher gab es die Blech-Lene, den Kletter-Max und das Aufzieh-Auto. Heute kommt der Roboter dazu, der sich in der kindlichen Phantasie ebenfalls einen Platz erobert hat. Jedes Kind entwickelt dazu seine eigenen Vorstellungen, und so kann es viele, individuell verschiedene Roboter geben.
„Pole Bombo", um den es hier in der Einführungsgeschichte geht, ist ein Roboter, der in der Spielwarenabteilung eines Kaufhauses Reklame macht. Er ist so groß wie die Kinder und braucht nichts zu essen und zu trinken. Dafür hat er eine Batterie. Mit dem Strom aus dieser Batterie kann er viele Bewegungen machen und sich auch fortbewegen.

Musik-vorschläge

MC zu diesem Buch, Seite B, Nr. 8 „Pole Bombo" (4/4-Takt)
MC „Ringel-Kringel", Seite B, Nr. 9 „Boogie Mix" (4/4-Takt),
         Seite B, Nr. 12 „Harlekin Jive" (4/4-Takt)
LP FidulaFon 3060, Seite A, „Mogelkette"

Tanzkonzeption

Ich habe hier drei Tanzideen dargestellt, die unterschiedliche Schwerpunkte haben und die selbstverständlich abgewandelt und durch andere Ideen ergänzt werden können.

Tanzidee 1
Pole Bombo in der Spielzeugabteilung eines Kaufhauses –
Nach einer nicht zu langen Einführungsgeschichte beginnt die Erzieherin als Pole Bombo und tanzt verschiedene Bewegungen und Schritte in der für Roboter typischen mechanischen, abgehackten Art. Nach einer Weile ist die Batterie leer, und der Roboter bleibt stehen. Die Musik läuft weiter, und er fordert die Kinder auf, in Roboterweise zu tanzen.

Musikvorschlag:
MC „Ringel-Kringel", Seite B, Nr. 9 „Boogie Mix"

Aufstellung:
Die Kinder stehen frei gruppiert um die Erzieherin.

Schritte und Bewegungen:
Frei nach Wahl und Einfällen, jedoch in der für Roboter typischen Art und Weise und nur am Platz.

Bei diesen ersten Tanzversuchen sollten alle Tänzer sich nur im ganz engen Umkreis ihres Standplatzes bewegen. Und Vorsicht: Roboter sind empfindlich und dürfen nicht zusammenstoßen!

Tanzidee 2

Einführungsgeschichte: Im Kaufhaus ist eine neue Sendung Spielzeug-Roboter angekommen. Die Roboter kennen sich noch nicht. Einer zeigt vor, was er kann. Die anderen probieren aus, ob sie das auch können. Jedes Kind macht abwechselnd eine Bewegungsfolge vor, die anderen versuchen, diese möglichst genau nachzumachen.

Musikvorschlag:
MC „Ringel-Kringel", Seite B, Nr. 12 „Harlekin Jive", Teil A und Teil B

Aufstellung:
Die Kinder stehen frei im Raum. Die Erzieherin benennt durch Zuruf, wer jeweils Pole Bombo ist und vormacht.

Schritte und Bewegungen:
Teil A: Frei nach Wahl in der für Roboter typischen Art.
Teil B: Knappe, mechanische Gehschritte ohne Abrollen des Fußes.

Tanzablauf:
Teil A. Die kurzen Bewegungsfolgen werden im wesentlichen auf dem Platz ausgeführt. Das durch Zuruf der Erzieherin benannte Solistenkind führt in ca. 4 Takten einmal oder mehrmals eine Bewegungsfolge mit Armen, Beinen oder mit dem Körper aus, dann tanzen alle gemeinsam das gleiche.

Teil B. Alle gehen auf Roboter-Art im Raum umher. Am Ende von Teil B wird ein in Raummitte befindliches Kind als neuer Solist benannt.

Tanzidee 3

Die Tanzaufgabe wird diesmal mit folgender Geschichte eingeführt: Pole Bombo erinnert sich an die Spielzeugfabrik. Nach der Herstellung wurden alle Bewegungsmöglichkeiten des Spielzeug-Roboters geprüft, zuerst die einfachen, dann die schwereren, bei denen sich Arme und Beine gleichzeitig und dann auch der Kopf zusammen mit den Gliedern bewegte. Pole Bombo, in diesem Fall wieder die Erzieherin, zeigt nun allen die Testaufgaben und will sehen, ob sie's auch können.

Musikvorschlag:
MC zu diesem Buch, Seite B, Nr. 8 „Pole Bombo"

Aufstellung:
Alle Kinder frei im Raum, aber mit gleicher Blickrichtung und so,
daß sie Pole Bombo sehen können.

Schritte und Bewegungen:
Frei, von Pole Bombo vorgegeben.

Tanzablauf:
Teil A. Alle drehen sich mit
Roboterschritten und eckigen
Armbewegungen am Platz.

Teil B ist eine Abwandlung
der überlieferten
Tanzform „Siebensprung".
Pole Bombo macht die
Tests vor, und die Kinder
machen sie gleichzeitig mit.

Der detaillierte Tanzablauf, dem der Ablauf der Musik im 4/4-Takt
„Pole Bombo" auf der MC entspricht, ist folgender:

Vorspiel 2 Takte

Teil A.	8 Takte	mit Roboterschritten ein bis zwei Drehungen am Platz.
Teil B.	1 Takt	rechten Arm in zwei Bewegungsphasen bis etwa waagrecht anheben und in zwei Phasen wieder senken.
Teil A.	8 Takte	Drehung am Platz.
Teil B.	2 Takte	rechten Arm in zwei Phasen heben und senken, linken Arm in zwei Phasen heben und senken.
Teil A.	8 Takte	Drehung am Platz.
Teil B.	3 Takte	rechten Arm heben und senken, linken Arm heben und senken, rechtes Bein anheben und einmal stampfen.
Teil A.	8 Takte	Drehung am Platz.
Teil B.	4 Takte	rechten Arm, linken Arm heben und senken, rechtes Bein heben und stampfen, linkes Bein heben und stampfen.

Teil A.	8 Takte	Drehung am Platz.
Teil B.	5 Takte	rechten Arm, linken Arm, rechtes Bein, linkes Bein heben und stampfen, Kopf ruckartig nach rechts und links seitwärts drehen und zurück.
Teil A.	8 Takte	Drehung am Platz.
Teil B.	6 Takte	rechten Arm, linken Arm, rechtes Bein, linkes Bein, Kopf seitwärts, beide Arme waagrecht vorstrecken und die Hände zweimal öffnen und schließen.
Teil A.	8 Takte	Drehung am Platz.
Teil B.	7 Takte	macht jedes Kind die vorherigen Testbewegungen in beliebiger Reihenfolge und Wiederholung, bis die Musik zu Ende ist.

Methodische Erläuterungen

Jedes Kind macht sich über Roboter seine eigenen Gedanken, auch wenn es natürlich allgemeine Vorstellungen gibt, die von Filmen u. ä. geprägt wurden. Die Vielfältigkeit der individuellen Vorstellungen ergibt für einen tanzenden Roboter einen großen Gestaltungsspielraum. Jedes Kind tanzt wohl seinen eigenen Roboter und ist dabei so stark mit sich selbst beschäftigt, daß es die anderen in der Gruppe gar nicht beobachten kann. Ein schwaches Kind wird also nur selten einer abfälligen Bemerkung oder verletzender Kritik ausgesetzt sein.

Eine Hinführung zu dem Tanzthema ist unabdingbar. Folgende Begriffe müssen klar werden: Roboter, Maschine, Strom, Batterie, aber auch Fabrik und Spielzeugabteilung.

Roboterbewegungen sind knapp, eckig, mechanisch und abgehackt. Sie folgen entweder streng getrennt aufeinander oder laufen im gleichen Rhythmus parallel. Ein Roboter läuft eckig, ohne die Füße abzurollen.

Ein Schachtel-Roboter kann helfen, den Kindern die knappen, mechanischen Bewegungen von Pole Bombo klarzumachen:
● Auf eine große, stabile Schachtel wird eine kleine Schachtel als Kopf gesetzt und mit Bindfaden Arme und Beine aus Papprollen befestigt. Wenn das Ganze dann noch bemalt ist, stellen alle fest: „Er sieht aus wie ein kleiner Mensch."

Eine weitere sehr informative Anschauungsmöglichkeit kann sein:
● Ein Kind verhält sich ganz locker und passiv. Unter Anleitung der Erzieherin untersuchen die übrigen, wie die einzelnen Glieder

und Gelenke sich bewegen lassen. So wird allen Kindern bewußt, wie ihre Bewegungen ablaufen, und sie können auch erkennen, wie die Unterschiede in der Bewegungsweise von Mensch und Roboter aussehen.

Nun können erste eigene Versuche beginnen, die Beobachtungen in Bewegungen umzusetzen. Zu Beginn sollten Orff'sche Instrumente u. ä. den Rhythmus angeben, und ein hartes, knappes Klopfen führt besser in die richtige Richtung, als weiche Klänge. Doch bitte: Drill im Marschrhythmus darf es nie werden.

Zur Tanzidee 1:
Die Erzieherin beginnt allein zur Musik und gibt damit einen Bewegungsimpuls, der mehr oder weniger genau von den Kindern aufgenommen und weitergeführt wird.

Die Erzieherin kann Beobachtungen beim ersten Durchgang in Anregung an die Kinder für einen zweiten Durchgang umsetzen, und schon weckt die flotte Musik ungeahnte Einfälle der Kinder. Es kommt also nicht auf genaues Vormachen und Nachmachen, sondern auf Bewegungsanstöße an, die mit Phantasie weitergeführt werden.
Ein genaues Nachmachen von vorgezeigten Bewegungsabläufen sollte nie am Anfang der Beschäftigung mit dem tanzenden Roboter stehen. Bewegungsbeobachtung, vor allem aber Bewegungsgedächtnis, sind für Kinder dieses Alter schwieriger, als oft angenommen wird.

Zur Tanzidee 2:
Dieser Tanzvorschlag stellt nun das Vormachen/Nachmachen in den Mittelpunkt. Zwischen den Phasen konzentrierter Beobachtung und Nachahmung ist jeweils als Teil B ein lockerer Platzwechsel eingeschoben. Dazu wird unbedingt eine Musik mit zwei klar unterschiedenen Melodieteilen benötigt.

Zur Tanzidee 3:
Die uralte Tanzform des „Siebensprung" ist hier abgewandelt. Pole Bombo prüft seine Freunde auf ihre Geschicklichkeit. Pole Bombo steht vor der locker im Raum verteilten Kindergruppe und zeigt die Testaufgaben. Die anderen machen sofort mit und erkennen sehr schnell das durch die Musik vorgegebene Schema. Natürlich läßt sich der Tanzablauf auch etwas einfacher gestalten, indem jeweils zum Teil B der Musik eine Testaufgabe vor- und gleich mitgemacht wird, die erste einmal, die zweite zweimal usw.

Leitfaden

1. Vorbereitung

- Wir bauen einen Schachtel-Roboter und probieren, wie er sich bewegen kann.
- Ein Kind wird auf seine Bewegungsmöglichkeiten untersucht.
- Wie sich ein Roboter bewegt: verbale Klärung und Bewegungsversuche.
- Bewegungsversuche mit rhythmischer Begleitung.

2. Tanzidee 1

- Von Pole Bombo in der Spielzeugabteilung eines Kaufhauses.
- Pole Bombo (Erzieherin) tanzt mit Musik. Seine Batterie ist leer – er steht still.
- Alle tanzen mit Musik wie Pole Bombo.

3. Tanzidee 2

- Im Kaufhaus ist eine neue Sendung Spielzeug-Roboter angekommen, und die Roboter zeigen einander, was sie können.
- Zuerst werden einige kurze Bewegungsfolgen ohne Musik probiert, dann das eckige Gehen der Roboter.
- Solistenkind allein und dann alle gemeinsam tanzen Teil A. Dies wird mehrmals mit anderen Solisten probiert, die Musik Teil B wird ausgeblendet.
- Tanzen im beschriebenen Ablauf.

4. Tanzidee 3

- Pole Bombo erinnert sich an die Tests in der Fabrik für Spielzeug-Roboter.
- Die Erzieherin als Pole Bombo macht ohne Musik die einzelnen Bewegungen vor, die Kinder machen sie nach. Dann werden sie in der Reihenfolge 1–6 hintereinander probiert.
- Tanzen im beschriebenen Ablauf.

Kapitel 3
Tanzen – ein Fest
Kinder tanzen mit ihren Eltern

Text, Melodie
und Tanzform:
Anneliese Gaß-Tutt

Wohlgeheuer Wendelin

Wenn es Ungeheuer gibt – warum soll es dann keine Wohlgeheuer geben? So jedenfalls war Gundulas Meinung, und unser Wohlgeheuer heißt Wendel Wendelin. Es stellt sich auf seine (Tanz-)Weise vor: Singend und tanzend zeigt es, was es sich von seinen Tanzgästen wünscht. Es sind einfache, lustige Bewegungen für klein und groß, die nicht einmal perfekt ausgeführt zu werden brauchen. Das Wohlgeheuer macht sie in den verschiedensten Weisen vor: einmal mit temperamentvollen, ausladenden Bewegungen, oder „kasperig", zierlich-elegant, sportlich oder verhalten-klein, wie es zu der aufzufordernden Teilnehmergruppe und zur allgemeinen Stimmung am besten paßt.

Alles dreht sich um Wendel Wendelin! Und alle tanzen nach, was er vormacht – wahrscheinlich um seines quicklebendigen Wesens willen. Unser Wohlgeheuer ist einmalig, überraschend, witzig, spritzig, auch mitfühlend und verständnisvoll. Seine Tanz- und Spiellaune steckt alle an!

Tanzlied

Teil A

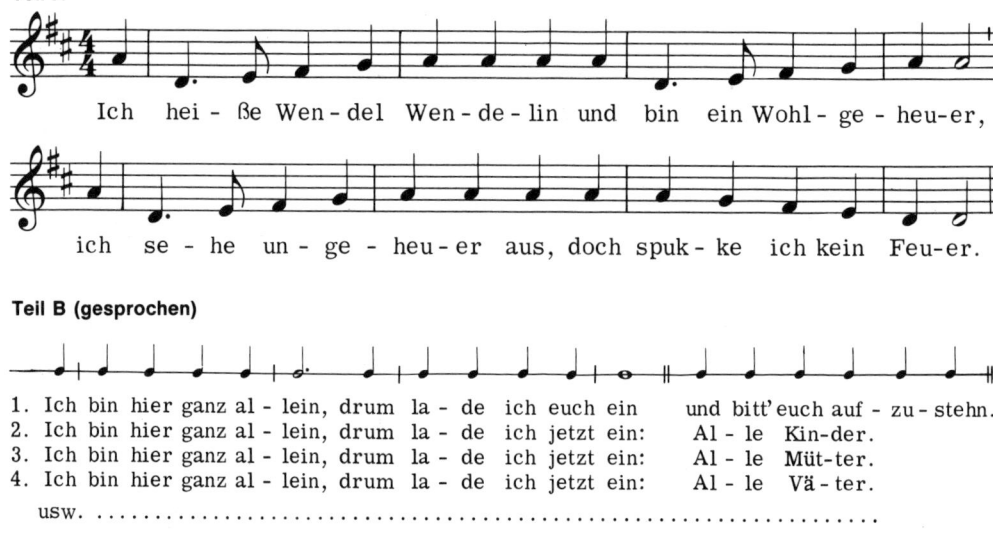

Ich hei - ße Wen - del Wen - de - lin und bin ein Wohl - ge - heu - er,

ich se - he un - ge - heu - er aus, doch spuk - ke ich kein Feu - er.

Teil B (gesprochen)

1. Ich bin hier ganz al - lein, drum la - de ich euch ein   und bitt' euch auf - zu - stehn.
2. Ich bin hier ganz al - lein, drum la - de ich jetzt ein: Al - le Kin - der.
3. Ich bin hier ganz al - lein, drum la - de ich jetzt ein: Al - le Müt - ter.
4. Ich bin hier ganz al - lein, drum la - de ich jetzt ein: Al - le Vä - ter.
   usw. . . . .

Letzte Strophe:

Ich bin hier ganz al - lein, drum la - de ich jetzt ein: Al - le mit - ein - an - der!

Teil C (bei der Wiederholung alle Aufgeforderten)

Mach mit beim Hin- und Her - wie - gen, Rek - ken und Strek - ken,

Rüt - teln und Schüt - teln, Zap - peln und Trap - peln.

Tanz-
beschreibung

Aufstellung:
Um die (leere) Tanzfläche sitzen oder stehen die Kinder mit ihren Eltern und allen anderen Tanzgästen.

Schritte:
Für das „Wohlgeheuer": Frei nach Wahl und Temperament.
Gehschritte und Körperbewegungen (hin- und her-wiegen, recken und strecken, rütteln und schütteln, zappeln und trappeln) nach dem Vorbild von Wendel Wendelin.

Tanzform:

Einleitung:	Wendel Wendelin kommt hereingetanzt, gebietet Ruhe und verschafft sich Aufmerksamkeit.
Strophe 1	
Teil A.	Wendel Wendelin stellt sich singend und tanzend vor.
Teil B.	Er lädt alle zum Mitmachen ein und bittet die Gäste aufzustehen und einen lockeren Kreis zu bilden.
Teil C.	Alle im Kreis tanzen und singen im Wechsel mit Wendel Wendelin.
Strophe 2, 3	usw.
Teil A.	Wendel Wendelin singt und tanzt.
Teil B.	Bei jeder Strophe lädt er eine besondere Gruppe zum Mittanzen auf die Tanzfläche ein, z. B. alle Kinder, alle Mütter, Väter, den Pfarrer, Bürgermeister, die Großeltern.
Teil C.	Die Aufgeforderten tanzen und singen im Wechsel mit Wendel Wendelin auf der Tanzfläche und gehen danach auf ihren Platz im Kreis der Umstehenden zurück.
Schlußstrophe	Bei der letzten Strophe fordert er alle Anwesenden auf, gemeinsam auf die Tanzfläche zu kommen.

Abschluß
Teil A. Wendel Wendelin singt und tanzt unter den anderen und verabschiedet sich dabei von den ihm nächststehenden Tanzgästen. Zum Schluß dreht er sich noch einmal um sich selbst und huscht hinaus.

Methodische Wie bereits in der Einleitung dargestellt:
Erläuterungen Unser Wohlgeheuer ist einmalig, überraschend, witzig, spritzig, auch mitfühlend und verständnisvoll. Seine Tanz- und Spiellaune steckt alle an!

Um diesen Eindruck zu vermitteln, muß der ihn darstellende Erwachsene sich in dieser Rolle richtig wohlfühlen, d. h., nicht jeder wird den Wendel Wendelin spielen können. Mit der Ausstrahlung seiner Person steht und fällt der Erfolg des Tanzliedes.
Der Phantasie ist für seine (Ver-)Kleidung nur eine Grenze gesetzt. Es muß ihm möglich sein, rundum alle Teilnehmer ohne jegliche Beeinträchtigung zu sehen. Auch dürfen die Bewegungen Wendelins durch die Verkleidung nicht behindert werden oder schwer erkennbar sein.
Wendel Wendelin selbst gibt die einführenden Tanzanweisungen zwischen den einzelnen Tanzteilen. Das Wohlgeheuer ist Animateur und Tanzleiter in einem und führt klar und sicher die Regie, so wie es im Tanzlied ausgedrückt und notiert ist. Besondere Aufmerksamkeit erfordert die Pause zwischen Teil B und Teil C, damit allen Gästen genügend Zeit bleibt, evtl. aufzustehen und auf die Tanzfläche zu kommen. Es ist nicht immer ganz leicht, die Teilnehmer nicht nur zum Mittanzen, sondern auch zum Mitsingen zu bringen.
Eine vorbereitete Musik-Cassette kann dabei eine Hilfe sein. Vorher ist abzuschätzen, wie viele Strophen getanzt werden, und ebenso oft hintereinander werden die Teile A und C mit einem für das Mitsingen geeigneten Melodieinstrument und einer einfachen improvisierten Begleitung aufgenommen. Zwischen allen Musikteilen wird jeweils 5 Sekunden Abstand gelassen und ein Vorspiel von 2 Takten eingefügt. Diese klangliche Farbigkeit unterstützt das Wohlgeheuer und erhöht die Aufmerksamkeit aller Anwesenden.
Voraussetzung für diese Lösung ist jedoch, daß eine Person den Cassetten-Recorder am Ende jedes Teiles ausschaltet und ihn dann wieder einschaltet, wenn die Aufgeforderten auf die Tanzfläche gekommen sind bzw. der nächste Durchgang von Teil A beginnt.

Eine live-Begleitung durch Kinder sollte in diesem Falle nicht praktiziert werden, weil mitmusizierende Kinder vom Mittanzen und Mitspielen ausgeschlossen sind.

Leitfaden

- Wendel Wendelin kommt herein und verschafft sich Gehör.

- *Strophe 1*
Vorstellung von Wendel Wendelin, gleichzeitig Einführung in Teil C: Wie alle mittanzen und mitsingen (alle Aufgeforderten machen am Platz im Kreis mit).

- *Strophe 2*
Wendel Wendelin singt und tanzt. Er fordert alle Kinder auf, zu ihm zu kommen. Die Kinder tanzen mit ihm.

- *Strophe 3*
Wendel Wendelin ruft nacheinander in jeder Strophe eine andere Personengruppe zu sich in die Mitte des Kreises.

- *Letzte Strophe*
Wendel Wendelin holt alle zusammen auf die Tanzfläche zum Schlußtanz.
- Er verabschiedet sich.

Tanzform:
Anneliese Gaß-Tutt

Familien-Runde

Diese Familien-Runde ist die einfachste Form eines Aufzuges. Sie eignet sich zu Beginn eines Festes als Begrüßungs-Tanz. Ebenso ist sie als Übergang von einem Fest-Teil zum anderen (z. B. von Vorführungen zum Spiele-Teil), aber auch als heiterer Teil zum Abschied geeignet. Wer gehen kann, kann auch mittanzen! Auch die kleinsten Geschwister auf dem Arm der Mutter oder des Vaters gehören dazu.
Die liebevoll und fröhlich geschmückten Feststöcke geben dem Tanz einen zusätzlichen Glanz.

Musik-
vorschläge

MC zu diesem Buch, Seite A, Nr. 6 „Tanzgarten" (2/4-Takt)
Seite B, Nr. 11 „Mach mit!" (4/4-Takt)
MC zu „Polonaise – das lebendige Tanzornament" mit 4 Polonaisen-Musiken (3/4- und 4/4-Takt)

MC „Ringel-Kringel", Seite A, Nr. 1 „Gemütlich schwäbisch" (2/4-Takt)

Seite A, Nr. 2 „Stuttgarter Dreier" (3/4-Takt)

Jede andere flotte Polonaisen-Musik im 3/4- oder 4/4-Takt

Für diesen Tanz ist die Einteilung der gewählten Musik unwichtig. Der Wechsel der tanzenden Gruppen erfolgt durch ein vom Tanzleiter gegebenes Zeichen, z. B. Zurücknehmen der Lautstärke, und durch die individuell gestaltete Aufforderung der nächsten Gruppen mit der Übergabe der Feststöcke.

Tanz-beschreibung

Aufstellung:
Die Familien stehen gruppenweise auf der Kreisbahn und schauen in die Mitte.

Schritte:
Gehschritte.

Und:
Je nach Teilnehmerzahl 3–8 Feststöcke (siehe Illustration). Die Anzahl der Feststöcke sollte für etwa 1/3 der teilnehmenden Familien ausreichen.

Tanzform:
Vor Beginn werden die Feststöcke an einige Familien verteilt. Es bekommt immer das jüngste Kind der Gruppe den Feststock in die Hand. Die zugehörigen Familienmitglieder treten miteinander in den Kreis (siehe Aufstellungszeichnung).

Mit Beginn gehen die Gruppen mit oder ohne Fassung, nach freier Wahl, so lange im inneren Kreis in Tanzrichtung herum, bis der Tanzleiter zum Wechsel auffordert. Dann wählen sie eine neue Familie und bleiben vor ihr stehen.

Gruppenwechsel
● Stockübergabe an das nächste (jüngste) Familienmitglied der Partnergruppe bzw. in den Kreis hinein;
● Platzwechsel der Familien (in den Außenkreis zurück bzw. in den Kreis hinein).
● Gemeinsamer Beginn der neuen Runde nach Aufforderung. Und so weiter.

Methodische   Bei diesem Tanz kann sich jede Familie den anderen in einer natürli-
Erläuterungen   chen, unkonventionellen Form so vorstellen, wie sie eigentlich ist.
Auch Ausländerfamilien werden unkompliziert mit einbezogen,
vor allem, wenn man sie bereits zu Beginn mit einem Feststock be-
denkt. Es ist die Aufgabe des leitenden Erwachsenen, die richtige
Atmosphäre dafür zu schaffen.
Eine normale Ansage zerstört den Reiz dieses schlichten Tanzes.
Hier bietet sich für die Erzieherin *die* Gelegenheit, mit den Tanzenden individuell Kontakt aufzunehmen und sie z. B. beim Tanzen mit dem Familiennamen zu begrüßen und sie so untereinander
bekannt zu machen (bei nicht zu vielen Teilnehmern).

Einige Tips zur Erleichterung:
● Gut beobachten und die einzelnen Gruppen nicht zu lange ge-
hen lassen, höchstens 16 Takte.
● Ist der Tanz schon gut bekannt, erfolgt der Wechsel in kürzeren
Intervallen. So kommt viel Bewegung in den Tanz.
● Beim Gruppenwechsel die Tonstärke der Tanzmusik zurücknehmen. Zu Anfang wird der Gruppenwechsel durch erklärende
Worte unterstützt, später genügt das Zurücknehmen der Musik,
um den Wechsel einzuleiten.
● Es ist wünschenswert, daß die jüngsten Kinder der Familien-
gruppe auch den Feststock an die nächste Familie übergeben. Die
mittanzenden Eltern erhalten den Hinweis, daß sie bei Unsicher-
heit helfend „beraten" und dabei auch darauf achten, daß alle Familien einigermaßen gleichmäßig drankommen.
● Eventuell einzelne Kinder oder Familien „loben".

Leitfaden   ● Auffordern der Familien, miteinander auf die Tanzfläche zu
kommen und sich in Familiengruppen auf einer Kreisbahn auf-
zustellen.
● Zeigen, erklären und austeilen der Feststöcke.
● Kurzes Anhören der Musik
● Die Familien mit den Feststöcken treten in den Kreis
● Tanzen der Familienrunde

Tanzform:
Anneliese Gaß-Tutt

Schwirr-Blume

Eine beliebte Beschäftigung kleiner Kinder ist das Drehen, und dies in vielen Variationen. Wird das „Schwirren" zu einer Musik mit veränderlichem Tempo ausgeführt, so kommt zur Bewegungsaufgabe Drehen eine Hör-Aufgabe hinzu. Das ist für 5- bis 6jährige Kinder keine Schwierigkeit, wenn die Musik das Tempo klar angibt.
Der Reiz der zu- und wieder abnehmenden Drehbewegungen kann erhöht werden durch ein flatterndes Tuch, ein Windrädchen oder eine Schwirr-Blume, die die Kinder in der freien Hand halten.

Musikvorschlag
MC zu diesem Buch, Seite A, Nr. 5 „Stuttgarter Dreher"
Vorspiel: 4 Takte,   =   8 ZZ
Teil A   16 Takte,   = 32 ZZ (2/4-Takt)
Teil B   16 Takte,   = 78 ZZ (3/4-Takt)
Durchgänge: drei
Besonderheit: In Teil B nimmt das Tempo der Musik zu und
                wieder ab.

Tanz-beschreibung

Aufstellung:
In Zweiergruppen:
Das Kind steht rechts von Mutter
oder Vater in offener Fassung.

In Dreiergruppen:
(1) Ein Kind steht rechts von
seinen Eltern; die Reihe ist
durchgefaßt.
(2) Je ein Kind steht rechts und
links von Vater oder Mutter;
die Reihe ist durchgefaßt.

In Vierergruppen:
Je ein Kind rechts und links
von den Eltern,
die Reihe ist durchgefaßt.

Die Gruppen bilden sich je nach
der Zahl der Familienmitglieder.
Sie stehen frei im Raum verteilt.

Schritte:
Gehschritte und Laufschritte.

Tanzform 1:
Teil A.   *Spazierengehen*
Takt 1–16.   Die Familien-Gruppen tanzen kreuz und quer durch den Raum. Gegen Schluß des Teils A suchen sich alle einen Platz mit genügend Abstand zueinander und bleiben stehen.

Teil B.   *Schwirren*
Takt 17–32.   Die Kinder umkreisen („schwirren") in zu- und abnehmendem Tempo den/die Erwachsenen, zuerst im Geh-, dann im Laufschritt, immer in TR →.

Handfassungen:

Zweiergruppe
● Die Fassung wird nicht gelöst. Der Erwachsene dreht sich am Platz als Kreismittelpunkt.

Dreiergruppen
● (1) Die Fassung wird nicht gelöst. Der in der Reihe links stehende Erwachsene dreht am Platz als Kreismittelpunkt.

● (2) Das in der Gruppe links stehende Kind wechselt mit dem Erwachsenen die Hand. Beide halten sich nun linkshändig, und beide Kinder schwirren im kleinen Kreis um den Erwachsenen herum.

Vierergruppen
● Die linke Hälfte der Reihe löst die Fassung, beide drehen sich mit einer halben Drehung in die Gegenrichtung und fassen wieder durch. Die Erwachsenen schwirren im kleinen, die Kinder außen im etwas größeren Kreis.

Zum Abschluß von Teil B erfolgt wieder ein Handwechsel zur ursprünglichen Fassung. Von vorne.

Variation:
Die Kinder bekommen ein Tanzgerät in die freie Hand, ein in der Mitte zum Greifen geknotetes, buntes Tuch, ein Windrädchen oder eine Schwirr-Blume.

Häufig kann es vorkommen, daß die Tanzfläche zu klein ist, um alle Tanzgäste gleichzeitig die „Schwirr-Blume" tanzen zu lassen.

Ich habe in der Tanzform 2 einen Ablauf beschrieben, der auf diese Situation eingeht und bei dem nur jeweils die Zweier-/Vierer-Familiengruppen oder die Dreier-Familiengruppe gleichzeitig tanzen.

Tanzform 2:
Die verschiedenen Gruppen versammeln sich, wie in der Schemazeichnung dargestellt, an den vier Ecken der Tanzfläche, beginnen von dort ihren Durchgang des Tanzes und kehren wieder dorthin zurück, z. B. diagonal im Wechsel.

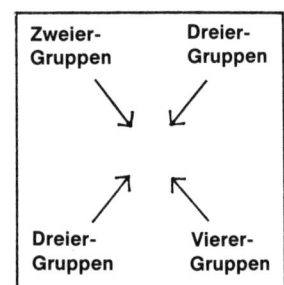

Vorbereitung:
Alle Familiengruppen gehen zu einer Universalmusik auf der Kreisbahn in TR → herum.
Auf Ansage treffen sich die verschiedenen Gruppen an den Ecken der Tanzfläche.
Dies gibt der Tanzleiterin die Möglichkeit, die Größe der Gruppen und der Tanzfläche einzuschätzen.

Teil A. Spazierengehen wie in Tanzform 1 beschrieben.

Teil B. Schwirren, wie in Tanzform 1 beschrieben.
Am Schluß der Musik B – die Tanzleiterin hat rechtzeitig einen Hinweis gegeben – gehen die Gruppen auf ihre Ausgangsplätze zurück, und die pausierenden Gruppen beginnen von vorn.

Methodische Erläuterungen

Die Bewegungsart macht Kindern im Kindergartenalter keine Schwierigkeit. Etwas problematisch wird es, wenn „wilde" Kinder oder wenn verhaltensgestörte Kinder die Temposteigerung wohl annehmen, aber übertreiben. Hier hilft es, wenn die Tanzleiterin auf die vorgeschlagene Variation zurückgreift. Das Chiffon-Tuch, die Schwirr-Blume oder das Windrädchen müssen kontrolliert gehalten werden, damit sie „mittanzen" können. Auf diese Weise bremst das Tanzgerät unbemerkt das überzogene Bewegungstempo.
Die Gefahr der Bewegungsübertreibung und damit auch die Gefahr möglicher kleiner Unfälle kann durch die mittanzenden Erwachsenen aufgefangen werden. Durch geschickte Hinweise kann die Tanzleiterin die Erwachsenen zu unauffälliger Drosselung der Drehgeschwindigkeit bringen und ihnen bewußt machen, daß sie es sind, die die Geschwindigkeit bestimmen.

Der Schwirr-Tanz wird in verschieden großen Familiengruppen getanzt. Es empfiehlt sich daher, *vor* Beginn des eigentlichen Tanzes jede Gruppe auf ihre Besonderheiten beim Blick- bzw. Handwechsel zu Beginn von Teil B vorzubereiten.

Zur Einführung in den Tanz wird eine Universalmusik „Gehen" in flottem Tempo benutzt, d. h., es wird noch auf die Temposteigerung verzichtet.

Voraussetzung zum Schwirren ist ausreichender Platz. Die Tanzleiterin muß also *vor* Beginn einschätzen, ob die Tanzgäste alle gleichzeitig tanzen können oder ob geeignete Formen der Aufteilung gesucht werden müssen.

Leitfaden

1. Vorbereitung
● Zu einer Universalmusik gehen alle Familien-Gruppen auf der Kreisbahn in TR →.
● Die Tanzleiterin schätzt ab, ob die Tanzfläche ausreichend groß für das „Schwirren" von allen Gruppen ist.
● Ggf. teilt sie die Gruppen für Tanzform 2 oder eine ähnliche Form ein.

2. Einführung von Teil B
● Alle oder einige Familien-Gruppen probieren die bei der Tanzform 1 beschriebenen Handfassungen aus und tanzen ohne Musik das „Schwirren". Jede Gruppe bleibt dabei an ihrem jeweiligen Platz, d. h. auf der Kreisbahn oder in einer Ecke der Tanzfläche.

3. Einführung von Teil A
● Auf Ansage kommen alle oder einige Familiengruppen auf die Tanzfläche.
● Sie tanzen zur Musik des „Stuttgarter Dreher" den Teil A frei im Raum. Zum Teil B bleiben sie stehen und hören die Musik an. Die Tanzleiterin weist auf die Temposteigerung von Teil B der Musik hin.
● Ggf. wird dies mit den anderen Gruppen wiederholt.

4. Tanzen der „Schwirr-Blume"
● Zur Musik des Vorspiels kommen auf Ansage die jeweiligen Gruppen auf die Tanzfläche und versuchen einen Durchgang des „Schwirr-Tanzes". Danach wird die Musik ausgeblendet.
● Zweiter Versuch, wenn möglich ohne Unterbrechung.
● Platzwechsel der Gruppen.
● Die anderen Gruppen tanzen und Wiederholung im Wechsel.

Basteln der Schwirr-Blume

Die Blütenform von etwa 20 cm Durchmesser wird auf dünne Pappe aufgezeichnet, hübsch bemalt und ausgeschnitten. Die Blütenblätter werden nach oben gebogen und etwas seitlich verdreht. Durch diese Schrägstellung kann sich die Schwirr-Blume bei der schnellen Tanzbewegung auf ihrem Stiel drehen. In der Mitte bekommt die Blüte ein Loch, durch welches ein stabiler, nicht zu dicker, glatter Stock geschoben wird. Je eine aufgeschobene Holzperle fixieren die Blüte oben und unten.

Tanzform:
Anneliese Gaß-Tutt
nach Motiven
aus der Überlieferung

Klatsch-Konzert

Bei vielen gelungenen Familien-Tanznachmittagen erwies sich das „Klatsch-Konzert" jedes Mal als der Sitztanz für alle Generationen. Alle machten begeistert mit, vom kleinen Kind bis zur Großmutter, die eigentlich nur zum Zuschauen mitgekommen war. Wann gibt es das schon einmal?
Hier sind nun einige einfache Sitztanz-Formen als Klatschkonzert zu zweit vorgestellt. Es gibt viele weitere Möglichkeiten, und je nach Teilnehmerkreis kann der Klatsch-Rhythmus variiert und erweitert werden.

**Musik-
vorschläge**
MC zu diesem Buch, Seite A, Nr. 4 „Schwarzwälder Patscher" (2/4-Takt)

Vorspiel:	4 Takte
Teil A	16 Takte, = 16 Klatscheinheiten
Teil B	16 Takte, = 16 Klatscheinheiten

Die weiteren Musikvorschläge können nur empfohlen werden, wenn die Kinder schon einige Übungen haben, da sie einen schnelleren Klatsch-Rhythmus vorgeben:
LP FidulaFon 3060, Seite B, „U gonni mit Urschrei"
Single FidulaFon 1196, Seite B, „Klapper-Klatsch"

**Tanz-
beschreibung**
Sitzweise:
Kinder und Erwachsene sitzen
sich auf Stühlen ohne Armlehnen
gegenüber, am besten in Reihen
oder in zwei konzentrischen Kreisen.
Je nach Alter und Beweglichkeit
der erwachsenen Teilnehmer kann
man auch auf dem Boden sitzen.
Auch im Stehen ist diese
Tanzform ausführbar.

Sitz-Tanz – Beschreibung:
(Sie ist als Muster anzusehen)

Teil A.	*Miteinander*	
Takt 1	Jeder klatscht einmal in die eigenen Hände.	
Takt 2	Die Partner klatschen einmal gegenseitig in beide Hände.	
Takt 3–16	Wie Takt 1–2 (noch 7 mal).	

Teil B.   *Jeder für sich*

Takt 17–32   Jeder klatscht für sich: in die Hände, auf die Brust, auf den Bauch, die Oberschenkel oder die Knie, auf die Stuhlkanten – wohin und wie es ihm gefällt, insgesamt 16 mal.

Von vorne

Ausweitung:

In dieser Sitz-Weise sind zwischen Kindern und Erwachsenen viele einfache Bewegungen möglich. Ein Anreiz zum Selbsterfinden!

Zum Beispiel:

Takt 1–2	Jeder klatscht zweimal auf die eigenen Knie,
Takt 3–4	dann zweimal in die eigenen Hände.
Takt 5	Die Partner klatschen sich gegenseitig einmal in die rechten Hände,
Takt 6	dann einmal in die linken Hände,
Takt 7–8	dann zweimal gegenseitig in beide Hände.
Takt 9–16	Wiederholung

Methodische Erläuterungen

Die Einführung dieses einfachen Sitztanzes ist nicht schwierig. Das Klatsch-Motiv des Teiles A sollte zuerst ohne Musik, eventuell unterstützt von einem Tamburin o. ä., geübt werden, doch keinesfalls sehr lange. Zu Teil B habe ich nur einige Anregungen gegeben, im übrigen aber soll die Phantasie freien Raum haben. Bei dem als Ausweitung dargestellten Klatsch-Rhythmus hat sich für das erste Üben ohne Musik als Unterstützung ein einfacher Sprech-Rhythmus bewährt:

„Knie – Knie – Hände – Hände – rechte – linke – beide – beide."

Die Wahl der Sitzordnung hängt primär vom Raum und von der Teilnehmerzahl ab:

● Die wirkungsvollste Anordnung ist: In Reihen einander gegenüber. Auch zwei konzentrische Kreise sind möglich.

● Bei einer großen Zahl von Teilnehmern kann das Bilden von Stuhlreihen ein organisatorisches Problem sein. Dann wenden sich die Partner mit ihren Stühlen einfach einander zu.

● Schwieriger wird es, wenn nur Sitzbänke vorhanden sind. Dann setzen sich die Partner rittlings und einander zugewandt auf die Bänke.

Für kleine Kinder ist die Bewältigung eines schnellen und schnellwechselnden Klatsch-Motivs recht schwierig. Deshalb sollte nicht

zu früh zu komplizierteren Ausweitungen oder zu einem schnelleren Klatsch-Rhythmus (1 Takt = 2 Zählzeiten) übergegangen
werden.

Leitfaden

1. Ankündigung und Aufstellung
- „Wir machen einen Sitztanz."
- Erklären der Sitzordnung und Hinsetzen.
- Prüfen der Abstände zum Partner und zu den Nachbarn.

2. Einführung
- Klatsch-Motiv Takt 1–2 ohne Musik ausprobieren.
- Gemeinsam ohne Musik, eventuell mit Tamburin-Unterstüt-
zung klatschen.
- Anhören der Musik.
- Gemeinsames Klatschen von Teil A mit Musik (Klatschpause
während der Musik von Teil B).
- Worauf kann ich an meinem Platz alles klatschen oder trom-
meln?" Die Teilnehmer probieren aus, die Erzieherin gibt Anre-
gungen.
- Erster Versuch von Teil B mit Musik.
- Erstes zusammenhängendes Klatsch-Konzert mit Teil A und
Teil B.

3. Klatsch-Konzert
- Mit Musik und wenig Ansage in mehreren Durchgängen.

4. Ausweitung
- Dosiertes Einführen von Variationen und Ausweitungen.

Tanzform:
Anneliese Gaß-Tutt

Tanzgarten

Dieser Tanz ist aus spielerischen Elementen entstanden, die kleine Kinder besonders lieben und die für sie beim Tanzen mit Erwachsenen besonders reizvoll sind. Auf den ersten Blick erscheint eine dreiteilige Tanzform als Überforderung für Vorschulkinder, doch zusammen mit den Eltern und durch deren unauffällige Unterstützung wird der „Tanzgarten" zu einem Kinderspiel im doppelten Sinn des Wortes. Teil A läßt viel Freiheit zum Tanzen. Vielleicht ist das Durchschlüpfen bereits bekannt, und die Form mit dem „Zaun" ist eine Variation. Teil B bringt das beliebte Spannungsmoment: „Wo ist meine Mutter / mein Vater?" Zum Finden des erwachsenen Partners bleibt lange Zeit, und gegen Ende dieser Tanzphase können die Eltern auf die noch suchenden Kinder zugehen und innerhalb des Kreises mit ihnen tanzen. Zu Beginn des Teils C reihen sich alle in den großen Kreis ein. Dies ist der gemeinsame Abschluß vor dem Neubeginn. Hier hat der Erwachsene die Führung und hilft dem Kind, die richtige Fassung und die richtige Richtung zu finden.

Musikvorschlag MC zu diesem Buch, Seite A, Nr. 6 „Tanzgarten" (2/4-Takt)

Vorspiel:	4 Takte	=	8 ZZ
Teil A	16 Takte	=	32 ZZ
Teil B	16 Takte	=	32 ZZ
Teil C	16 Takte	=	32 ZZ

Tanz-beschreibung *Aufstellung:*
Die Erwachsenen stehen im weiten Kreis mit Blick zur Mitte. Sie haben durchgefaßt und halten die Hände in Schulterhöhe zum „Zaun". Jedes Kind steht vor seiner Mutter/seinem Vater.

Schritte:
Gehschritt und frei nach Lust der Kinder

Tanzform: *Durch den Zaun*
Teil A.
Takt 1–16. Die Kinder tanzen auf freien kleinen oder großen Wegen durch den Kreis und schlüpfen dabei vor allem durch die Zaunlücken; Schritte nach freier Wahl. Zum Schluß senken die Erwachsenen die Arme und lösen die Fassung.

Teil B.   *Mutter bzw. Vater suchen und Paarkreis*

Takt 17–32. Jedes Kind sucht seine Mutter/seinen Vater, bleibt vor ihm stehen und gibt ihm beide Hände zum Paarkreis. Beide tanzen im Geh- oder Kinderhüpf-schritt links ↺ herum. Zum Schluß öffnen sie den Paarkreis und wenden sich so in TR →, daß die Kinder auf der Innenbahn tanzen, in offener Fassung oder Kreuzhandfassung.

Teil C.   *Spaziergang*

Takt 33–48. Alle gehen im großen Kreis in TR →. Zum Schluß Fassung lösen: Die Kinder tanzen in den Kreis, die Erwachsenen bilden den „Zaun". Von vorne.

Methodische Erläuterungen

In sinnvoll abgegrenzten, der Tanzform folgenden Abschnitten wird spielerisch mit dem „Tanzgarten" bekannt gemacht.

Viele Kinder sind bei der Partnersuche in Teil B aufgeregt und verbreiten Nervosität. Die Tanzleitung vermittelt Ruhe, damit sie nicht hastig und dadurch manchmal erfolglos den Partner suchen. Die Mutter/der Vater sollte erst gegen Ende auf das Kind zutanzen, damit es in Teil C mit der ganzen Familie weitertanzen kann.

Die Übergänge erfordern besondere Beachtung, denn hier sind oft auch die Erwachsenen unsicher. Durch eine rechtzeitige Ansage wird darauf aufmerksam gemacht. Nach mehrmaligem Tanzen kann diese mehr und mehr zurückgenommen werden.

Sind es viele Teilnehmer, kann in mehreren Kreisen getanzt werden. Idealgröße eines Kreises: 8 bis 12 Paare.

Leitfaden

1. Vorbereitung der einzelnen Figuren

Tanzen der Kinder und Wiederfinden von Mutter/Vater.
● Die Kinder gehen oder hüpfen im Kreis und werden nach kurzer Zeit aufgefordert, zu Mutter/Vater zurückzutanzen; Übung ohne Musik.

Den Tanznamen unter Hinweis auf den „Zaun" erklären.
● Die Erwachsenen bilden nach der Erklärung den „Zaun", die Kinder tanzen im Garten und durch den Zaun. Nach Aufforderung suchen sie tanzend wieder ihre Mutter/ihren Vater; Übung ohne Musik.

● Wiederholung dieser Form mit Musik.
Haben alle Kinder den Partner wiedergefunden, wird die Musik ausgeblendet.
● Einführung des Paarkreises und rundherum tanzen mit Musik.

2. Einführung der dreiteiligen Tanzform
● Tanzen von Teil A und Teil B.
Dabei soll erreicht werden, daß jeder Teil in den musikalisch vorgesehenen 16 Takten beendet wird. Wiederholung. Die Musik Teil C wird ausgeblendet.
● Einführung des Spazierganges.
Alle gehen in offener Fassung – Kinder auf der Innenbahn – in TR → auf der Kreisbahn spazieren; ohne Musik.

3. Tanzen des „Tanzgartens"

Tanzform:
Anneliese Gaß-Tutt

Großes Durcheinander

Dieser Tanz ist spontan entstanden, als es bei einem Familien-Tanznachmittag tatsächlich ein großes Durcheinander gab. Von da an gehörte er zu den beliebtesten Tänzen im Programm für Kinder, Eltern und Großeltern.
Es ist ein leichter geselliger Tanz. Aus der Ansage der Tanzleiterin entwickelt sich durch sofortiges Mitmachen die Tanzform. Der Ablauf ist sehr einfach. Zur richtigen Zeit die richtige Ansage in lockerem Ton, und der Tanz wird gelingen.

Musikvorschlag   MC zu diesem Buch, Seite A, Nr. 1 „Schwäbischer Spaziergang"
(2/4-Takt)

Vorspiel:	4 Takte = 8 ZZ	Auch jede andere ansprechende
Teil A	16 Takte = 32 ZZ	8- bzw. 16taktige Universal-
Teil B	16 Takte = 32 ZZ	musik im geraden Takt und
		im Gehtempo ist geeignet.

Tanz-   *Aufstellung:*
beschreibung   Kind mit Mutter oder Vater in offener Fassung auf der Kreisbahn,
die Kinder tanzen im Innenkreis, alle in TR.

Schritte:
Gehschritte

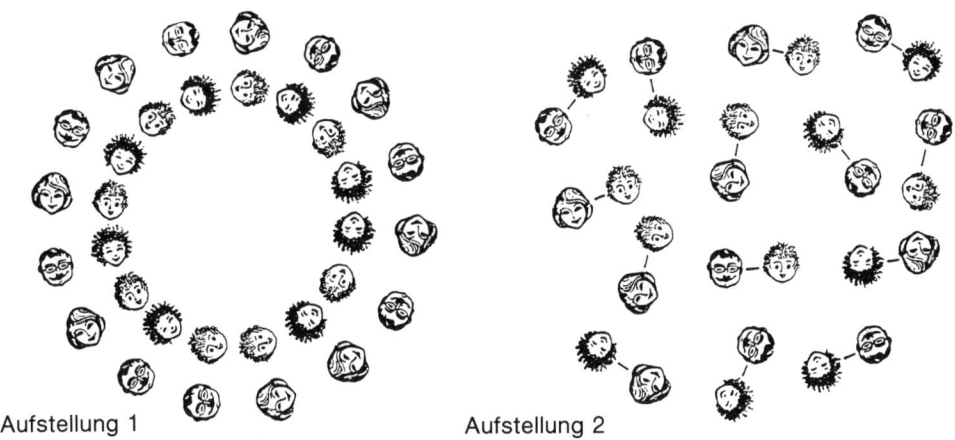

Aufstellung 1   Aufstellung 2

Tanzform:
Teil A. Spaziergang und Großes Durcheinander
Takt 1–8.   Spaziergang
                Alle gehen auf der Kreisbahn 16 Schritte in TR →
                (siehe Aufstellung 1).
Takt 9–16.   Großes Durcheinander
                Die Paare verlassen die Kreisbahn und gehen kreuz
                und quer im Raum herum (siehe Aufstellung 2). Da-
                bei suchen sie sich gegen Ende der 16 Schritte ein
                Partnerpaar (siehe Aufstellung 3), mit dem sie zum
                kleinen Kreis fassen.
                Wer kein Partnerpaar findet: In der Kreismitte ist
                Treffpunkt. Ist dort kein Paar zu finden, so kann im
                Dreipaarkreis oder im Paarkreis getanzt werden.

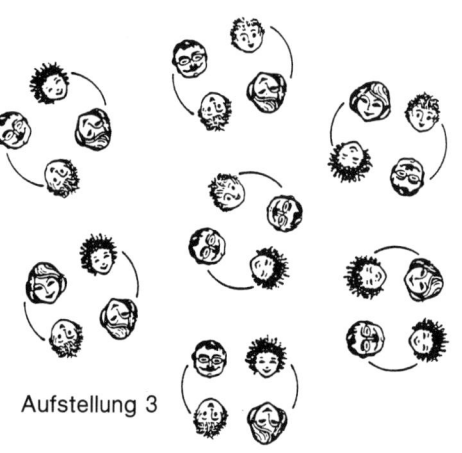

Aufstellung 3

Teil B. Kleine Kreise und großer Abschlußkreis

Takt 17–20. Kleine Kreise

Alle Viererkreise tanzen 8 Schritte links ↺ herum (Aufstellung 3).

Takt 21–24. Alle Viererkreise tanzen 8 Schritte rechts ↻ herum und verabschieden sich bei Takt 23–24 vom Partnerpaar und lösen die Fassung.

Takt 25–32. Großer Abschlußkreis

Alle Paare reihen sich zum großen Kreis ein und tanzen 16 Schritte eine große Promenade.

Von vorne.

Methodische Erläuterungen

Immer wieder ist beim Tanzen festzustellen, daß Kinder wie Erwachsene sich sicherer fühlen, wenn sie denselben Partner behalten. Dann macht es unbeschwert Spaß, auch mit anderen zu tanzen und die Partnerpaare immer wieder zu wechseln. Von der Grundkonzeption liegt die Führung beim Erwachsenen, der eine gewisse Übersicht über die Tanzfläche hat und mit Hilfe der Ansage schon während des Eintanzens die verschiedenen Tanzteile erkennen kann; die Kinder gehen an der Hand mit.

Eine gute Aufstellung bringt einen guten Start, d. h. bei diesem Tanz: Alle beginnen im Kreis im gleichmäßigen, nicht zu engen Abstand. Der Kreis sollte „rund" sein und gut im Raum, nicht in eine Ecke verschoben, stehen.

Eine rein verbale Aufforderung zur richtigen Grundaufstellung stiftet bei Nichtgeübten Verwirrung und Unruhe. Deshalb empfiehlt sich eine lockere Einleitung durch die Tanzleiterin. Sie wählt im Herumgehen ein Partnerkind, geht in offener Fassung weiter und fordert zugleich die nächstsitzenden Teilnehmer auf, sich mit ihrem Kind anzuschließen. Folgen alle, führt sie zum großen Kreis und läßt diesen zum Ausgleichen der Abstände durchfassen. Dann lösen alle diese Fassung und stellen sich mit ihrem Partner in offener Fassung zum Tanzbeginn mit Blick in Tanzrichtung auf. (An den Platz der Tanzleiterin tritt zu deren Partnerkind ein anderer Erwachsener.)

Jede Tanzfigur kann einzeln mit Musik eingeführt werden. Das gilt insbesondere für das „Große Durcheinander" und die Überraschungswirkung seiner Auflösung. Die Übergänge sollten jedoch in jedem Fall zuerst ohne Musik ausprobiert werden, denn es ist für die Tanzleiterin recht schwierig, sich über die Musik hinweg verständlich zu machen. Während dieses Eintanzens ist es unwichtig, wie viele Takte lang jeweils eine Tanzfigur getanzt wird. Die Tanzleiterin gibt soviel Zeit, daß die einzelnen Figuren sicher von allen aufgenommen werden und vor allem die Übergänge von einer Figur zur anderen zügig getanzt werden. Es ist jedoch zu beachten: Jede neue Figur beginnt nach dem Eintanzen mit einer neuen Melodie- bzw. Musikphase.

Erst beim Tanzen im eigentlichen Ablauf wird die Länge der Tanzteile nach den angegebenen Taktzahlen angesagt. Die in der Tanzbeschreibung angegebenen Schrittzahlen sind zur Orientierung für den Tanzleiter gedacht; es werden in der Ansage nie Schritte gezählt!

Bei der Einführung des Viererkreises empfiehlt sich zum richtigen Kennenlernen der Tanzfigur die Demonstration mit einer Vierergruppe in der Kreismitte.

Die besondere Aufmerksamkeit der Tanzleiterin muß den Übergängen vom Durcheinander zum Viererkreis (Takt 13–16) und dem rechtzeitigen Auflösen der Viererkreise (Takt 23–24) gelten, auch wenn der Tanzablauf schon in Schwung gekommen ist.

Leitfaden

1. Aufforderung zum Tanz
mit Führen zur Kreisaufstellung

2. Eintanzen
- Gehen zu zweit auf der Kreisbahn in Tanzrichtung →.
- Durcheinandergehen zu zweit frei im Raum (ohne Musik).
- Wechsel von Gehen im Kreis und Durcheinandergehen frei im Raum (mit Musik).
- Alle suchen sich ein Partnerpaar, begrüßen und verabschieden sich (ohne Musik). Mehrmals wiederholen.
- Alle suchen ein Partnerpaar, begrüßen es, tanzen mit ihm im Viererkreis links ↺ herum,
- dann in umgekehrter Richtung rechts ↻ herum und verabschieden sich von ihm; anschließend zurück zum großen Kreis, gegebenenfalls wiederholen (mit Musik).

3. Tanz im Ablauf der Tanzbeschreibung
- Tanzen auf Ansage, jede Figur so lange tanzen lassen wie nötig.
- Tanzen auf Ansage, Länge der Tanzteile wie in der Tanzbeschreibung.
- Tanzen nach der Tanzbeschreibung mit reduzierter Ansage.

Tanzform:
Anneliese Gaß-Tutt

Mauerpatschen

Dieses Tanzspiel verbindet zwei grundlegende Formen des geselligen Tanzens mit Kindern:

● *Eine einfache Kreisform bildet den leicht erfaßbaren Rahmen des Tanzes.*

● *Dieser Rahmen gibt den Kindern einen Freiraum für die Freude an individuellen Bewegungseinfällen und eigenen kreativen Lösungen.*

Die Rollenverteilung ist klar erkennbar. Jeweils Erwachsene oder Kinder bilden eine „Mauer", und die andere Tänzergruppe kann nach Herzenslust „patschen". Der Wechsel zwischen aktiver und passiver Rolle erhöht den Reiz des Tanzes.

**Musik-
vorschläge**

MC zu diesem Buch, Seite B, Nr. 11 „Mach mit!" (4/4-Takt)
Single FidulaFon 1194, Seite B, „Spring-Parcours"

**Tanz-
beschreibung**

Aufstellung 1:
Gruppe 1: Die Erwachsenen
stehen im großen Kreis
mit Blick zur Mitte,
ohne Fassung.
Gruppe 2: Die Kinder stehen
vor ihnen mit Blick
zur Mitte, ohne Fassung.

Aufstellung 2:
Jedes Kind hat sich einen
Partner im Kreis der
Erwachsenen gesucht
und steht vor ihm.

Schritte:
Kinderhüpfschritte
oder Gehschritte

Tanzform:
Teil A. Durcheinander im Kreis (Aufstellung 1)
Takt 1–16. Die Kinder tanzen in der Kreismitte im Kinderhüpf-
oder Gehschritt frei herum. Zum Schluß suchen sie sich einen
Partner aus dem Erwachsenenkreis und bleiben vor ihm stehen.
Die Erwachsenen bilden bereits zu Beginn von Teil A mit ihren
Handflächen eine „Mauer". Die „Mauer"-Höhe muß für die Kin-
der bequem erreichbar sein, evtl. gehen alle Erwachsenen in die
Hocke.

Teil B. Mauerpatschen (Aufstellung 2)
Takt 17–32. Jedes Kind klatscht auf die Handflächen des vor ihm
stehenden Erwachsenen, wie es ihm gefällt. Zum Schluß geben
sich die Partner beide Hände und wechseln im Paarkreis und mit
einer halben Drehung die Plätze und die Rollen.

Das Ganze von vorn. Diesmal sind die Erwachsenen im Innenkreis, und die Kinder bilden die „Mauer".

Methodische
Erläuterungen
Dieser Tanz ist eine Kombination von vorgegebener Form und
großem Freiraum für die eigene Bewegungsfreude.
Die Rollenverteilung ist durch die klare Aufstellung eindeutig, und
das Bilden der „Mauer" ist schnell erklärt. Die einzige Stelle, die
besondere Aufmerksamkeit erfordert, ist der Platz- und Rollentausch. Eine rechtzeitige Ansage sollte so viel Zeit dafür lassen,
daß alle mit Beginn des nächsten A-Teils den Platzwechsel abgeschlossen haben. Zu Beginn von Teil B haben oft nicht alle einen
neuen Partner gefunden. Das ist nicht schlimm, das Patschen kann
zu jedem beliebigen Takt einsetzen.

Auch mit einer kleinen
Gruppe läßt sich
„Mauerpatschen" tanzen.
Die Aufstellung wird
dann geändert:
Die Erwachsenen stehen
in einem weiten Kreis,
die Kinder können
während Teil A auch
außen um den Kreis
hüpfen oder gehen.

Alle sind immer in Aktion:
Gruppe 1 erwartet mit Spannung einen neuen Partner, von dem sie nicht wissen, wer es ist (Teil A). Sie spüren dann unbewußt am Klatschen des Partners, wie jedesmal eine andere, überraschende Beziehung zum neuen Gegenüber entsteht.
Die Gruppe 2 kommt von der aktiven Bewegung, und jeder sucht sich einen Partner. Manchmal ist der erwünschte schon besetzt, so daß die Wahl nicht mehr ganz frei ist. Jeder lernt nebenher, daß eigentlich alle Anwesenden als Tanzpartner akzeptiert werden wollen.
Das Patschen macht erst dann richtig Freude, wenn keine Vorschriften über die rhythmische Folge gegeben werden und alle wirklich nach Herzenslust patschen können.
Nicht selten fallen verhaltensgestörte Kinder beim Patschen auf. Sie nutzen den angebotenen Freiraum aus und versuchen auf überzogene Weise, ihre Aggressionen abzubauen. Meist kann sich die Tanzleiterin auf geduldiges Beobachten beschränken, denn die „offene" Tanzform mit dem Wechsel von aktiver und passiver Rolle und das ausgleichende Verhalten der gegenüber tanzenden Erwachsenen genügen oft, um solche Störungen aufzufangen. Nur ganz selten muß wirklich ein kleiner dämpfender Hinweis gegeben werden.
Besonders herausgegriffen und eingeführt zu werden braucht nur der Platz- und Rollentausch. Deshalb wird er vorgezogen. Alle stehen in der zuvor gebildeten Aufstellung voreinander (Aufstellung 2). Die Erwachsenen sind die „Mauer", die Kinder klatschen. Auf die Ansage hin geben sie sich gegenseitig die Hände und tauschen Plätze und Rollen. Dieser Tanzabschnitt wird mehrmals, zuerst ohne, dann mit Musik wiederholt.
Ernst danach beziehen wir das Hüpfen/Gehen im Kreis mit ein und sichern den ganzen Tanz durch eine ruhige Ansage.

Leitfaden

1. Vorbereitung des Platz- und Rollentauschs
   - „Mauer"-bilden und patschen mit Platz- und Rollenwechsel (2mal auf Ansage und ohne Musik, jeweils mit demselben Partner).
   - Wiederholung mit Musik und neuem Partner.
   - Einführung des Tanzes in seinem vorgesehenen Ablauf.

2. Tanzen
   - zu Beginn mit Ansage, später reduzieren und dann evtl. weglassen.

Nach überlieferten
Formen
zusammengestellt
und bearbeitet von
Anneliese Gaß-Tutt

Lichter-Polonaise

Beim Schein der Laternen in der Dunkelheit zu tanzen ist für jeden etwas Besonderes, vor allem aber für Kinder. Zur richtigen Stimmung tragen die bunten Laternen, aber auch die passende Musik bei.

Die Kinder sind auf ihre Laternen konzentriert und sind vom Erlebnis der sich bewegenden Lichter in der Dunkelheit in Anspruch genommen. Für das Gelingen der Lichter-Polonaise empfiehlt es sich – und ist je nach Alter der Kinder auch notwendig –, daß Mütter und auch Väter mittanzen. Die Erzieherin übernimmt die Tanzleitung und führt alle auf nicht zu verschlungenen Wegen durch die geheimnisvolle Dunkelheit. Es beginnt als einfacher Laternen-Umzug. Wenige Tanzfiguren werden eingefügt, und schon wird die Lichter-Polonaise zu einem besonderen Erlebnis.

**Musik-
vorschläge**

MC zu diesem Buch, Seite A, Nr. 7 „Tanzgarten-Polonaise" (2/4-Takt), Seite B, Nr. 12 „Mach mit-Polonaise" (4/4-Takt)
MC „Ringel-Kringel", Seite A, Nr. 1 „Gemütlich schwäbisch" (langsame und deshalb für kleine Kinder gut geeignete Polonaisen-Musik)
LP FidulaFon 3060, Seite A, „Party-Bummel"
MC „Polonaise – das lebendige Tanzornament" mit 4 Polonaisen-Musiken

Liedvorschläge

„Lieder, Bilder, Texte zum Martinstag", Christophorus-Verlag und andere Laternenlieder in verschiedenen Liederbüchern

Laternen-Lied aus Norddeutschland

La - ter - ne, La - ter - ne, Son - ne, Mond und Ster - ne!

Bren - ne auf, mein Licht, bren - ne auf, mein Licht, a - ber

nur mei - ne lie - be La - ter - ne nicht!

Tanz-　　*Aufstellungen:*
beschreibung　● Einzeln hintereinander in einer langen Linie, ohne Fassung,
　　　　　　● Paarweise hintereinander im langen Zug. Dabei gehen die Kin-
　　　　　　der im Paar rechts, weil sie mit der rechten Hand die Laterne siche-
　　　　　　rer halten können, ein Elternteil geht links, offene Fassung.

Schritte:
Gehschritte, nicht zu schnell

Vorbemerkung:
Alle drei Tanzvorschläge sind erste, ganz einfache Polonaiseformen, die auch zu anderen Anlässen ohne Laternen getanzt werden können, z. B. mit Blumensträußen zu einem Sommerfest.

Tanzbeschreibung für Vorschlag 1:
Paarweise im Kind/Eltern-Paar oder einzeln hintereinander folgen alle der Tanzleiterin auf den dargestellten Tanzwegen.

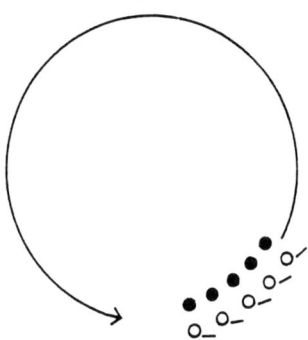
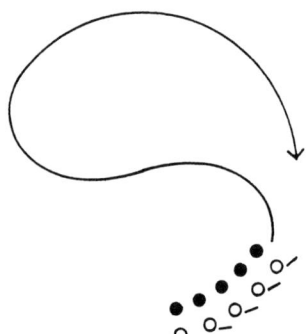
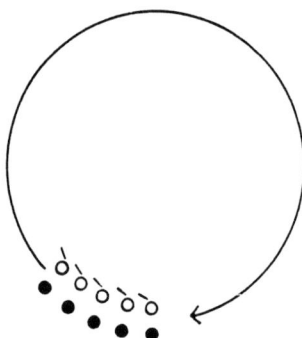

Auf einer großen　　　In einer großen Schleife　　Auf einer großen
Kreisbahn in TR →.　　durch die Tanzfläche.　　Kreisbahn gegen TR ←
　　　　　　　　　　　　　　　　　　als Abschluß.

Tanzbeschreibung für Vorschlag 2:
Paarweise im Kind/Eltern-Paar oder einzeln hintereinander folgen alle der Tanzleiterin auf den dargestellten Tanzwegen. Die Erwachsenen achten etwas auf die Abstände, vor allem der Laternen.

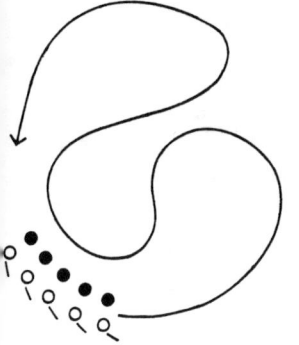 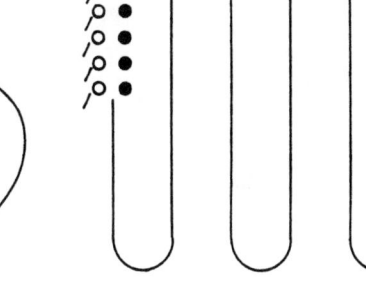 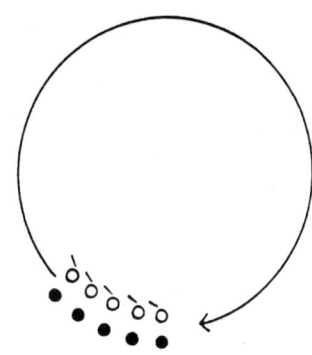

In freien Schlangen-
linien durch die
Tanzfläche.

In einer geordneten
Schlangenlinie nicht zu
eng aneinander vorbei.

Auf einer großen
Kreisbahn gegen TR ←
als Abschluß.

Tanzbeschreibung für Vorschlag 3:
Dieser Vorschlag wird in zwei Gruppen getanzt und kann nur ausgeführt werden, wenn für jede Gruppe mindestens 8 Paare vorhanden sind. Die Tanzleiterin spricht die Tanzwege mit dem
Erwachsenen an der Spitze der zweiten Gruppe vorher ab.
Es beginnt mit freien Wegen der beiden Gruppen auf der Tanzfläche und endet mit einem gemeinsamen großen Kreis.

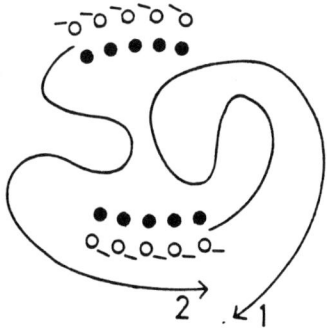 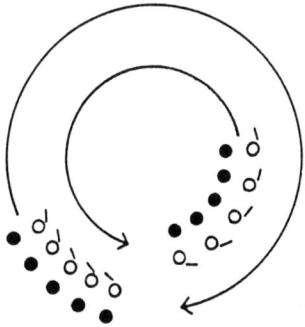 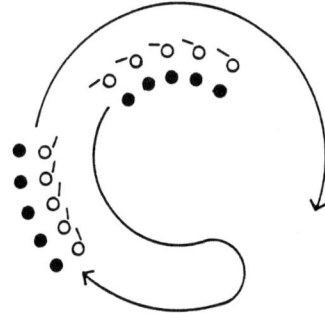

Beide Gruppen frei durch
die Tanzfläche, jedoch so,
daß sich am Ende der Figur
Gruppe 1 gegen TR bewegt.

Zwei konzentrische Kreise,
Gruppe 1 außen gegen TR,
Gruppe 2 innen in TR.

Gruppe 2 hängt sich an,
Gruppe 1 an, zum Schluß
schauen alle nach innen.

Alle drei Tanzvorschläge schließen mit einem Kreis gegen TR ← ab, bei dem die Kinder mit ihren Laternen innen gehen. Ist der Kreis geschlossen, wenden sich alle zur Kreismitte. Entweder treten dabei die Erwachsenen zwischen die Kinder zu einem gemeinsamen Stirnkreis, oder es werden zwei konzentrische Stirnkreise gebildet. Ein gemeinsamer „Gute Nacht"-Gruß bildet den Abschluß.

Anmerkung:
Zur Ausweitung und Vertiefung des Themas Polonaisen weise ich auf meine Veröffentlichung „Polonaise – das lebendige Tanzornament" hin (siehe Literaturverzeichnis).

Methodische Erläuterungen

Beim Schein der Laternen in der Dunkelheit zu tanzen ist für Kinder etwas Besonderes, aber es ist auch schwierig. Auf den ersten Blick mögen die hier vorgeschlagenen Tanzformen für Erwachsene so einfach erscheinen, daß sie gar nicht als anspruchsvolle Bewegungsaufgabe, als Tanz angesehen werden. Aus der Perspektive der Kinder sind sie es wohl. Von ihnen wird dabei erwartet:
● Rhythmisches Gehen, und das im Dunkeln.
● Gehen in einer geordneten Gruppe.
● Fürsorgliches Tragen der Laterne.
● Evtl. das Mitsingen eines Laternenliedes.
In den Vorschlägen 2 und 3 kommt dann noch die Schwierigkeit der Orientierung durch die Gegenbewegung der aneinander vorbeiziehenden Reihen hinzu.

Bei kleinen Gruppen bis zu etwa 20 Paaren ist eine Lichter-Polonaise überschaubar und ohne größere Vorbereitungen nur mit Vorüberlegungen und einigen Vorbesprechungen mit den beteiligten Eltern möglich. Bei einer größeren Zahl von Teilnehmern geht es nicht ohne genaue Vorbereitungen und Organisation.

Zur Vorbereitung:
● Die anführenden Erzieherinnen sprechen den geplanten Ablauf untereinander ab.
● Bei Tageslicht werden mit den Kindern die vorgesehenen Wege gegangen:
Gehen des Tanzweges zur rhythmischen Begleitung, z. B. der Trommel.
Gehen des Tanzweges zur ausgewählten Musik.
Gehen des Tanzweges zur ausgewählten Musik und mit Laterne.
● Vor Beginn des Lichter-Tanzes Kontrolle der Tanzfläche (keine Hindernisse, Stolpersteine, Pflanzen, Schwellen u. ä.).

Zur Durchführung:
● Zu Beginn des Tanzes die Teilnehmerzahl einschätzen und dementsprechend das richtige Verhältnis von Figurengröße und vorhandener Tanzfläche finden.
● Die Schrittlänge der kleinsten Kinder ist bestimmend.
● Tempo nicht zu zügig, sondern wegen der Laternen „gebremst".

Bei größeren Lichter-Polonaisen sollte außer den anführenden Leitern der Gruppe bzw. der Gruppen noch ein Team von 2 bis 3 Helfern bereitstehen, die an vorbesprochenen kritischen Punkten des Tanzweges eingreifen können.

Ich nenne als Beispiele dafür:
● Bei der zweiten Figur des Tanzvorschlages 2 gehen Helfer auf beiden Seiten des Zuges mit und achten darauf, daß die Kurven nicht zu eng und nicht zu weit werden.
● Ein Helfer sollte immer frei beweglich sein, falls einem Kind die Kerze ausgeht, die Laterne anbrennt o. ä.

Leitfaden   ● Einladung zum Laternenumzug, zu einem Herbstfest, zum Martinsabend mit der Ankündigung einer gemeinsamen Lichter-Polonaise.
● Vorbereitung der Tanzfläche, der Tonwiedergabe-Technik, von Streichhölzern, Kerzen usw.
● Vor Beginn des Lichter-Tanzes werden alle freundlich und mit kurzen Hinweisen zum Mittanzen eingeladen.
● Tanzen der Lichter-Polonaise.
● Überleitung zum Laternen-Umzug durch die Straßen.
● Abschluß in jedem Fall in einem großen Schlußkreis mit Abschiedslied oder „Gute-Nacht"-Gruß.

Lied und Tanzform:
Anneliese Gaß-Tutt

Woll'n heimgehn

*Auch das schönste Fest endet, am besten mit einem gelungenen Schluß.
Ein Lied, ein Tanz, ein Abschiedswunsch an die Gäste – dies kann
noch einmal ein kleiner Höhepunkt sein. Ist der Abschluß gelungen, so
bleibt das Zusammensein in guter Erinnerung.
Jede Tanzleiterin kennt das Aufgedrehtsein am Ende eines Festes, die
Unruhe, das Müdesein. An dieser Stelle gilt die erprobte Regel: Mit
einfach(st)en Mitteln läßt sich die beste Wirkung erreichen. Darum
wäre es falsch, in einem Schlußtanz irgendwelche Schwierigkeiten un-
terzubringen. Besser ist es, sich auf eine „überdrehte" Stimmung einzustellen und ihr mit Ruhe und unkompliziert zu begegnen.
„Woll'n heimgehen" läßt für alle das Fest in einem ruhigen Schlußkreis
ausklingen.*

Tanzlied

Teil A

Woll'n heim - gehn, woll'n heim-gehn, laßt uns nach Hau - se gehn.

Teil B

A - de! Tschüss! A - de!   Auf Wie - der - sehn!

Aufstellungen
(je nach Teilnehmerzahl)

Aufstellung 1:
Im Kreis, Blick zur Mitte,
durchgefaßt,

Aufstellung 2:
In 2 konzentrischen Kreisen,
Blick zur Mitte, durchgefaßt

Aufstellung 3:
In 3 konzentrischen Kreisen,
Blick zur Mitte, durchgefaßt.

Schritte:
Gehschritte

Tanzbeschreibung:
Tanz A. Alle gehen im Kreis.
Bei Aufstellung 1: Kreis in TR →
bei Aufstellung 2: Außenkreis in TR →
                           Innenkreis gegen TR ←
bei Aufstellung 3: Außenkreis in TR →
                           Mittelkreis gegen TR ←
                           Innenkreis in TR →
Zum Schluß bleiben alle stehen und wenden sich zur Mitte.

Teil B. Alle stehen mit gefaßten Händen im Kreis und singen.

Ausweitung der einfachen Kreistanzform:
Aufstellung 2, zwei konzentrische Kreise, jedoch schaut der innere Kreis nach außen. Beim Singen der Schlußtakte „Auf Wiedersehn" schütteln sich die Gegenüberstehenden die Hand. Bei allen Variationen der einfachen Kreistanzform sollte unbedingt darauf geachtet werden, daß die Ruhe erhalten bleibt.

Methodische Erläuterungen

Möglichkeiten – je nach Situation auszuwählen:

1. Zum Lied
● Die Kinder kennen bereits das Lied und sind den Erwachsenen eine Stütze. (Wir haben das „Ade-Lied" schon öfter als Schlußlied im Kindergarten gesungen.)
● Die beiden Teile des Liedes eignen sich zum Vor- und Nachsingen, deshalb lernen wir das Lied in dieser Methode.
● Die Lautstärke von Teil B läßt sich in verschiedenen Variationen (vom herzhaften Ruf bis zum Flüsterton!) verändern. Dies kann uns mehrere Male zur Liedwiederholung und -festigung motivieren.
Diese kleine Variation ist Anregung genug, den Tanz mehrmals zu wiederholen: So prägt sich das Lied gut ein.

2. Zum Tanz
● Der Tanz sollte unbedingt erst dann begonnen werden, wenn die Aufstellung in einem oder mehreren Kreisen abgeschlossen und eine gewisse Konzentration aller erreicht ist. So wird der Unterschied zu anderen, turbulenteren Tänzen deutlich.
● Vor Beginn muß die Tanzrichtung für jeden Kreis klar sei. Diese Richtung wird bei allen Wiederholungen beibehalten.

● Es ist vorteilhaft, wenn in jedem Kreis einige Helfer verteilt sind, die den Tanz schon kennen. Dies gilt vor allem, wenn der Abschlußtanz mit sehr vielen Teilnehmern getanzt werden soll.

3. *Außerdem gilt allgemein und hier insbesondere:*
● Bei der Tanz- und Tanzliedvermittlung ist eine einfache, klare Sprache wichtig.
● Der Tanz sollte zügig und nicht länger als 5 Minuten eingeführt werden.
● Bei der Einführung muß die Tanzleiterin den Verlauf gut beobachten und auf Unklarheiten in der Gruppe beweglich reagieren.
● Sie sollte immer Sicherheit, Freude und Zuversicht ausstrahlen.

In der Aufstellung 1 oder 2 kann dieser einfache Abschieds-Tanz auch mit einer reinen Kindergruppe getanzt werden.

Leitfaden 1. *Einführung des Liedes*
● Alle sitzen oder stehen noch an ihrem Platz. Das Lied wird in Teilen vorgesungen, alle singen nach.

2. *Einführung des Tanzes*
● Aufforderung zum Schlußtanz. Es machen wenn möglich alle mit.
● Aufstellung im Kreis oder in mehreren Kreisen und die Tanzrichtungen klären. Jeder Kreis probiert für sich. Die übrigen singen mit.

3. *Tanzen in zwei bis drei Durchgängen*
● Sollte der erste Durchgang nicht gleich gelingen, so wird er zur „Hauptprobe" erklärt, die ja bekanntlich oft mißlingt.
● Um einem zweiten Mißlingen vorzubeugen, wird nun nacheinander begonnen. Der äußere Kreis setzt zuerst ein, die anderen folgen mit jeder neuen Wiederholung.
● Die letzte Wiederholung, für alle gemeinsam, wird zunehmend leiser gesungen und endet mit einem Händedruck im Kreis.

i-Punkt

Tanz- und Bewegungsspiele in alphabetischer Reihenfolge

Beschreibung der in diesem Buch verwendeten Tanzschritte

Gehschritte

● Normales Gehen, gemächlich oder zügig, vorwärts, auch rückwärts.
● Abwandlung: Bei jedem Schritt wird mit dem Bein nach hinten ausgeholt und weit nach vorn geschwungen, bevor der Fuß aufgesetzt wird (Tix-Tax-Tausendfuß).
● Gehen mit Stampfschritten: Bei jedem Schritt wird mit dem Bein leicht nach hinten ausgeholt und dann fest aufgetreten.

● Gehen wie ein Roboter: Die Bewegungen der Beine sind knapp und eckig, der Fuß wird mit der Ferse zuerst aufgesetzt und nicht abgerollt.

Laufschritte

● ergeben sich bei Temposteigerung aus den Gehschritten

Laufen auf allen Vieren mit verschiedenen Bewegungscharakteristiken

Wiegeschritt (Nachführschritte)

● Schritt seitwärts, der andere Fuß wird unbelastet beigestellt und sofort zum nächsten Schritt in die entgegengesetzte Richtung seitwärts geführt. Der Körper kann mit wiegenden Bewegungen die Schritte akzentuieren.

Twist

● Die Hüfte wird links und rechts seitwärts gedreht, gleichzeitig führen Oberkörper und Arme leichte Gegenbewegungen aus. Während des Bewegungsablaufes wird das Körpergewicht im langsamen Wechsel auf das rechte bzw. das linke Bein verlagert. Die unbelastete Ferse ist angehoben und bewegt sich mit.

Hüpfschritte

● Kinderhüpfschritt: Flacher, kaum vom Boden abgehobener Hüpfschritt, bestehend aus einem Gehschritt mit nachfolgendem gleitenden Hüpfer auf dem gleichen Fuß, Rhythmus ♪ ♪ ♪ ♪.
● Hüpfschritt: Bestehend aus einem Gehschritt mit nachfolgendem akzentuierten Hüpfen auf dem gleichen Fuß, Rhythmus ♫ ' ♫, kann auch auf der Stelle ausgeführt werden.
● Galoppschritt: Gehüpfter Nachstellschritt seitwärts.

Sprungschritte

Sie werden in der Regel am Platz ausgeführt.
● Schlußsprung: Dabei wird mit beiden Beinen gleichzeitig gesprungen, und beide Füße setzen nebeneinander auf.
● Abwandlung: Hampelmannsprung.
● Kreuzsprung: Beide Füße werden beim Sprung überkreuzt, links über rechts bzw. rechts über links.
● Spreizsprung oder Schersprung: Sprung wie ein Schlußsprung, dabei werden der rechte und der linke Fuß abwechselnd vorn und hinten aufgesetzt
● Hopsen auf einem Bein: Das andere Bein kann dabei vor- und zurückschwingen.

Drehschritte

am Platz, rechts ↻ oder links ↺ herum

● Zweischritt-Dreher: Möglichst mit zwei kleinen Gehschritten am Platz eine volle Drehung ausführen; sollte mit Kindern nicht paarweise getanzt werden.

● Swing: Nur als paarweise Drehung möglich, dazu gehört eine enge Paarfassung (z.B. Oberarmfassung). Der rechte Fuß beider Tänzer wird vor den linken gesetzt und belastet, der linke, wenig belastete Vorderfuß tritt neben oder hinter die rechte Ferse. Aus dieser Anfangsposition werden kleine, federnde Nachstellschritte getanzt. Wichtig ist dabei, daß die Füße des tanzenden Paares eng beieinander bleiben. Das gelingt, wenn die Oberkörper nach außen gelehnt werden.

● Schwingschritte mit Drehung: Die Drehung wird auf einem Bein hüpfend ausgeführt, das andere Bein schwingt vor- und rückwärts und erbringt so den Schwung für die Drehung.

● Kreuzsprung mit nachfolgender Drehung.

Beschreibung der in diesem Buch verwendeten Tanzfassungen, Aufstellungen und Tanzfiguren

Einhandfassungen

Offene Fassung

● Paarweise, beide Tänzer schauen in die gleiche Richtung, die inneren Hände sind unten gefaßt, in Schulterhöhe angewinkelt oder auch zum Tor erhoben.

● Abwandlung: Einhaken, sollte bei Kindern nicht angewendet werden.

Handrunden-Fassung

● Die Tänzer eines Paares fassen die rechten bzw. linken Hände und tanzen dementsprechend rechts ↻ oder links ↺ herum, dabei können die freien Arme bis über Kopfhöhe erhoben werden.

● Abwandlung: Auch zwei Paare mit offener Fassung können zur Handrunden-Fassung durchfassen (Schwirr-Blume).

● Abwandlung: Handrunden-Fassung mit Einhaken links oder rechts, sollte nur bei größeren Kindern angewendet werden.

Zweihandfassungen

Paarkreis-Fassung

● Paarweise, beide Hände gefaßt, in und gegen TR. Wenn dies gut beherrscht wird, werden die Arme in Schulterhöhe erhoben, und sie formen einen Kreis.

Zweihand-Tor

● Die beiden gefaßten Hände sind zum Tor erhoben.

Karussell-Fassung

● Auch Oberarmkreis: Mit beiden Händen werden die Oberarme des Tanzpartners erfaßt.

Kreuzhandfassung

● Normalerweise rechte Hand über linke Hand, aber auch links über rechts; beide Tänzer in die gleiche Richtung oder zueinander, aber auch in entgegengesetzte Richtung

● Abwandlung; Rückenkreuzfassung

Hüftfassung

● Zwei, aber auch mehr Kinder stehen hintereinander in einer Linie oder im Kreis und fassen jeweils die beiden Hüften des vorderen Partners; die Hände des ersten Kindes bleiben frei beweglich.

Schulterfassung

● Sinngemäß wie Hüftfassung.

Fassungen für mehrere Tänzer

Durchfassen

● Zum Zweipaarkreis und zu größeren Kreisen. Die Arme hängen nach unten, sind in Schulterhöhe angewinkelt oder bilden Tore, in und gegen TR.

Mühlen-Fassung

● Bei Ausführung in TR → fassen die vier oder mehr Tänzer jeweils mit der linken Hand das linke Handgelenk des Vorderen. Bei Ausführung gegen TR ← werden mit rechts die rechten Handgelenke gefaßt.

Tanzaufstellungen und -figuren

Kleingruppe
- Einzeln oder paarweise locker im Raum verteilt, mit Blick zur Tanzleiterin oder frei.

Großgruppe
- Einzeln oder paarweise auf einer ausreichend bemessenen Tanzfläche verteilt, 10 und mehr Tänzer.

Kreis (Flankenkreis)
- Einzeln oder paarweise, mit und ohne Fassung, Blicke in Richtung der Kreislinie, in TR → oder gegen TR ←.

Stirnkreis (Frontkreis)
- Mit und ohne Fassung, mit Blick zur Kreismitte oder nach außen.

Viererkreis
- Wird von zwei Paaren gebildet.

Reihe
- Nebeneinander, mit und ohne Fassung.

Linie
- Hintereinander, ohne Fassung oder mit Hüft- bzw. Schulterfassung.

Schlange
- Eine Aufstellung in Linie kann in der Bewegung zur Schlange werden. In der Regel wird dabei durchgefaßt.

Langer Zug
- Paarweise hintereinander, Paare in der Regel gefaßt.

Gasse
- Zwei Reihen stehen einander gegenüber und schauen sich an, mit oder ohne Fassung.

Nachrücken der Tänzer
- Bei Figuren in der Reihe, in der Linie oder in der Gasse kann Tänzer 1 oder Paar 1 vor oder hinter den übrigen ans Ende der Formation tanzen, und Tänzer 2 bzw. Paar 2 rückt auf und übernimmt die neue Führung.

Angaben zur Musik-Cassette für dieses Buch:

Seite A

Die Kindertanz-Musiken der Seite A wurden gespielt von der Volkstanzmusikgruppe des Stuttgarter Spielkreises. Die Leitung hatte Herbert Preisenhammer.
Alle Musikstücke haben 4 Takte Vorspiel.

Nr. 1 „Schwäbischer Spaziergang"
Universalmusik „Gehen" im Tempo ♩ = 104 und im 2/4-Takt
Teil A und Teil B mit je 16 Takten (je 32 Zählzeiten) im Wechsel
4 Durchgänge, Dauer: 2'33"
Die Tanzmusik ist die Bearbeitung einer überlieferten Volksmelodie aus Schwaben.

Nr. 2 „Der stolze Hahn"
Universalmusik „Laufen" im Tempo ♩ = 152 und im 2/4-Takt
Teil A und Teil B mit je 16 Takten (je 32 Zählzeiten) im Wechsel
5 Durchgänge, Dauer: 2'20"
Die Tanzmusik ist die Bearbeitung einer überlieferten Volksmelodie aus Norddeutschland.

Nr. 3 „Lustiger Springer"
Universalmusik „Hüpfen/Springen" im Tempo ♩ = 116 und im 6/8-Takt
Teil A und Teil B mit je 16 Takten (je 32 Zählzeiten) im Wechsel
4 Durchgänge, Dauer: 2'17"
Die Tanzmusik ist die Bearbeitung einer überlieferten Volksmelodie aus der Altmark.

Nr. 4 „Schwarzwälder Patscher"
Tanzmusik für das „Klatsch-Konzert", aber auch als Universalmusik „Gehen/Hüpfen" im Tempo ♩ = 120 und im 2/4-Takt verwendbar.
Teil A und Teil B mit je 16 Takten (je 32 Zählzeiten) im Wechsel,
4 Durchgänge, Dauer: 2'19".
Die Tanzmusik ist die Bearbeitung einer überlieferten Volksmelodie aus Langenschiltach im Schwarzwald.

Nr. 5 „Stuttgarter Dreher"

Musik für die Tänze „Kreisel-Tanz" und „Schwirr-Blume" im Tempo ♩ = 104 für Teil A und Tempo ♩ = 152 für Teil B und im 2/4- bzw. 3/4-Takt.
Teil A mit 16 Takten (32 Zählzeiten) und Teil B mit 16 Takten (48 Zählzeiten) im Wechsel, 4 Durchgänge, Dauer: 2'27".
Die Tanzmusik ist die Bearbeitung einer überlieferten Volksmelodie aus Schwaben.

Nr. 6 „Tanzgarten"

Musik für den Tanz „Tanzgarten" aber auch als Universalmusik „Gehen" im Tempo ♩ = 112 und im 2/4-Takt verwendbar.
Teil A, Teil B und Teil C mit je 16 Takten (je 32 Zählzeiten) im Wechsel, 3 Durchgänge, Dauer: 2'38".
Die Tanzmusik ist eine Bearbeitung von überlieferten Volksmelodien aus Deutschland.

Nr. 7 „Tanzgarten-Polonaise"

Die Tanzmusik Nr. 6 „Tanzgarten" hat in dieser Fassung 6 Durchgänge und eine Spieldauer von 5'08".
Damit hat sie die richtige Länge für eine Kinder-Polonaise.

Seite B

Die Kindertanz-Musiken der Seite B wurden gespielt von Robby's Dixie-Group und sind Kompositionen von Robby Schmitz, Köln.
Die Musikstücke haben 2 bzw. 4 Takte Vorspiel.

Nr. 8 „Pole Bombo"

Musik für den Tanz „Pole Bombo" im Tempo ♩ = 108 und im 4/4-Takt.
Teil A mit 8 Takten,
Teil B beginnt mit 1 Takt und wird bei jedem Durchgang um 1 Takt verlängert,
7 Durchgänge, Dauer: 2'12".
Der Musik- und Tanzablauf ist nach dem Muster des überlieferten „Siebensprung" aufgebaut.

Nr. 9 „Happy Charleston"

Musik für den Tanz „Mein schwarzer Zwilling", aber auch als Universalmusik im Charleston-Rhythmus für andere Tanzspiele verwendbar, 4/4-Takt.
Teil A mit 16 Takten im Tempo ♩ = 100 und Teil B mit 16 Takten im Tempo ♩ = 124 im Wechsel, 3 Durchgänge, Dauer: 1'54".

Nr. 10 „Krabbel-Käfer"

Musik für den Tanz „Krabbel-Käfer", aber auch für andere Tanzspiele verwendbar, die eine Musik mit auf- und absteigendem Tempo benötigen, im 4/4-Takt.
Teil A mit 16 Takten beginnt mit Tempo ♩ = 84 und steigt an bis Tempo ♩ = 132,
Teil B mit 16 Takten fällt ab vom Tempo ♩ = 132 auf Tempo ♩ = 84,
3 Durchgänge, Dauer: 1'52".

Nr. 11 „Mach mit!"

Musik für den Tanz „Mauerpatschen" aber auch als Universalmusik „Gehen/Hüpfen" verwendbar, Tempo ♩ = 116, 4/4-Takt.
Teil A und Teil B mit je 16 Takten (je 32 Zählzeiten) im Wechsel,
4 Durchgänge, Dauer: 2'17".

Nr. 12 „Mach mit-Polonaise"

Die Tanzmusik Nr. 11 „Mach mit!" läuft zweimal hintereinander ohne Zwischenpause. Mit 4'34" hat sie die richtige Länge für eine Kinder-Polonaise.

Eine Auswahl von weiteren Tonträgern für Kindertanz-Musik

Zwei Musik-Cassetten von Kallmeyer'sche Verlagsbuchhandlung:

„Ringel-Kringel"
MC mit 15 Tanzmusiken zu den Grundbewegungsarten Gehen, Hüpfen, Laufen, Schwingen, Springen
Bestellnr. MC mit Tanzanleitungen 61520
MC allein 76527

„Polonaise – das lebendige Tanzornament"
MC mit 4 Polonaisen-Musiken und ausführlichen Tanzanleitungen
Bestellnr. MC mit Tanzanleitungen 61600

Vier Schallplatten aus dem Fidula-Verlag:

„Kinder-Party"
LP mit 15 Tanzmusiken, die auch als Universalmusiken verwendbar sind
Best-Nr. FF 3060.

„Gehen, hüpfen, laufen, springen"
Schallplatte mit 4 Universalmusiken zu den Grundbewegungsarten
Bestell-Nr. FF 1194

„Tanzkarussell"
Schallplatte mit 5 Tanzmusiken, die auch als Universalmusiken verwendbar sind
Bestell-Nr. FF 1196

„Spring-ins Feld"
Schallplatte mit 4 Universalmusiken
Bestell-Nr. FF 1210

„Europäische Kindertänze"
LP mit 15 Tanzmusiken, die zum größeren Teil auch als Universalmusiken verwendbar sind
Calig-Verlag, 8000 München 19
Bestellnr. 30750

Kindertanz – eine kleine Literatur-Auswahl

Wenz, Josef
„Die goldene Brücke"
Bärenreiter-Verlag, Kassel 1949

Pudelko, Walther
„Das Rosentor"
Bärenreiter-Verlag, Kassel 1965

Hoerburger, Felix, Segler, Helmut
„Klare, klare Seide"
Bärenreiter-Verlag, Kassel 1962

Gaß-Tutt, Anneliese
„Tanzkarussell 1"
Fidula Verlag, Boppard 1972

„Tanzkarussell 2"
Fidula Verlag, Boppard 1978

„Kinderparty/Kinderspaß"
Fidula Verlag, Boppard 1980

„Tanztrubel"
Don Bosco Verlag, München 1985

„Ringel-Kringel"
Kallmeyer'sche Verlagsbuchhandlung,
Seelze-Velber 1984

„Polonaise – das lebendige Tanzornament",
Kallmeyer'sche Verlagsbuchhandlung 1988

Lorenz, Thilde
„Rummelbummel"
Fidula Verlag, Boppard

Kreusch-Jacob, Dorothée
„Lieder-Spielbuch für Kinder"
Otto Maier Verlag, Ravensburg 1978

Haselbach, Barbara
„Tanzerziehung"
Ernst Klett Verlag, Stuttgart 1978

Leupold/Mahler/Neukomm/Weber/Wey
„Tanzchuchi"
Zytglogge Verlag, Bern 1981

Bächli, Gerda
„Der Tausendfüßler"
Musikhug und Pelikan Verlag, Zürich 1977

„Zirkus Zottelbär"
Musikhaus Pan, Zürich 1985

Fink-Klein/Peter-Führe/Reichmann
„Rhythmik im Kindergarten"
Verlag Herder, Freiburg 1987

Glathe, Brita
„Rhythmik Lernspiele"
Kallmeyer'sche Verlagsbuchhandlung, 1985

Verzeichnis der Tanztitel mit systematischer Übersicht

Bewegungsspiele

144 Seiten,
kart.
ISBN 3-451-
20129-1

praxisbuch
kindergarten

Renate Zimmer

**Kreative
Bewegungsspiele**

Psychomotorische Förderung
im Kindergarten

Herder

und
Rhythmik

144 Seiten, kart.,
ISBN 3-451-20127-5

praxisbuch
kindergarten

Fink-Klein
Peter-Führe
Reichmann

**Rhythmik
im Kindergarten**

Erlebnisreiche Spielformen
mit Musik - Bewegung - Sprache

Herder

Verlag Herder Freiburg · Basel · Wien